傅斯年讲先秦诸子与史记

傅斯年 著

河海大学出版社
·南京·

图书在版编目（CIP）数据

傅斯年讲先秦诸子与史记 / 傅斯年著. -- 南京 : 河海大学出版社, 2019.7

ISBN 978-7-5630-5918-8

Ⅰ. ①傅… Ⅱ. ①傅… Ⅲ. ①先秦哲学－研究②中国历史－古代史－纪传体③《史记》－研究 Ⅳ. ①B220.5②K204.2

中国版本图书馆CIP数据核字(2019)第073498号

书　　名 / 傅斯年讲先秦诸子与史记
书　　号 / ISBN 978-7-5630-5918-8
责任编辑 / 毛积孝
特约编辑 / 李　路　　叶青竹
特约校对 / 董　涛　　李国群
出版发行 / 河海大学出版社
地　　址 / 南京市西康路1号（邮编：210098）
电　　话 /（025）83722833（营销部）
（025）83737852（总编室）
经　　销 / 全国新华书店
印　　刷 / 三河市元兴印务有限公司
开　　本 / 880mm×1230mm　1/32
印　　张 / 9.75
字　　数 / 207千字
版　　次 / 2019年7月第1版
印　　次 / 2019年7月第1次印刷
定　　价 / 79.80元

《大师讲堂》系列丛书
▶ 总序

/ 吴伯雄

梁启超说:"学术思想之在一国,犹人之有精神也。"的确,学术的盛衰,关乎一个民族的精神气象与文化氛围。民国是一个动荡不安的时代,内忧外患,较之晚清,更为剧烈,中华民族几乎已经濒临亡国灭种的边缘。而就是在这样日月无光的民国时代,却涌现出了一批批大师,他们不但具有坚实的旧学基础,也具备超前的新学眼光。加之前代学术的遗产,西方思想的启发,古义今情,交相辉映,西学中学,融合创新。因此,民国是一个大师辈出的时代,梁启超、康有为、严复、王国维、鲁迅、胡适、冯友兰、余嘉锡、陈垣、钱穆、刘师培、马一浮、熊十力、顾颉刚、赵元任、汤用彤、刘文典、罗根泽……单是这一串串的人名,就足以使后来的学人心折骨惊,高山仰止。而他们在史学、哲学、文学、考古学、民俗学、教育学等各个领域所取得的成就,更是创造出了一个异彩纷呈的学术局面。

岁月如轮,大师已矣,我们已无法起大师于九原之下,领教大师们的学术文章。但是,"世无其人,归而求之吾书"(程子语)。

大师虽已远去，他们留下的皇皇巨著，却可以供后人时时研读。时时从中悬想其风采，吸取其力量，不断自勉，不断奋进。诚如古人所说："圣贤备黄卷中，舍此安求？"有鉴于此，我们从卷帙浩繁的民国大师著作当中，精心编选出版了这一套"大师讲堂系列丛书"，分辑印行，以飨读者。原书初版多为繁体字竖排，重新排版字体转换过程当中，难免会有鲁鱼亥豕之讹，还望读者不吝赐正。

吴伯雄，福建莆田人，1981年出生。2003年考入福建师范大学古代文学研究系，师从陈节教授。2006年获硕士学位。同年9月考入复旦大学中文系古代文学专业，师从王水照先生。2009年7月获博士学位。同年9月进入福建师范大学文学院古代文学教研室工作。推崇"博学而无所成名"。出版《论语择善》（九州出版社），《四库全书总目选》（凤凰出版社）。

目录

上篇 | 001

哲学乃语言之副产品 | 003

诸子天人论导源 | 007

春秋战国之际为什么诸家并兴 | 015

战国诸子除墨子外皆出于职业 | 020

止有儒墨为有组织之宗派 | 029

儒为诸子之前驱，亦为诸子之后殿 | 033

战国诸子之地方性 | 036

春秋时代之矛盾性与孔子 | 057

孟子之性善论及其性命一贯之见解 | 067

荀子之性恶论及其天道观 | 084

墨家之反儒学 | 102

墨子之非命论 | 111

老子五千言之作者及宗旨 | 127

所谓"杂家" | 161

礼祥之重兴与五行说之盛 | 163

梁朝与稷下 | 165

齐晋两派政论 | 169

战国文籍中之篇式书体 | 184

预述周汉子家衔接之义 | 196

下　篇 | 197

《史记》研究参考品类 | 199
老子申韩列传第三 | 222
十篇有录无书说叙 | 232
论太史公书之卓越 | 237
论司马子长非古史学乃今史学家 | 239
手批"史记"（全文周法高辑录） | 241
与颉刚论古史 | 252

上篇

哲学乃语言之副产品

世界上古往今来最以哲学著名者有三个民族：一、印度之亚利安人；二、希腊；三、德意志。这三个民族有一个共同点，就是在他的文化忽然极高的时候，他的语言还不失印度日耳曼系语言之早年的烦琐形质。思想既以文化提高了，而语言之原形犹在，语言又是和思想分不开的，于是乎繁丰的抽象思想，不知不觉的受他的语言之支配，而一经自己感觉到这一层，遂为若干特殊语言的形质作玄学的解释了。

以前有人以为亚利安人是开辟印度文明的，希腊人是开辟地中海北岸文明的，这完全是大错而特错。亚利安人走到印度时，他的文化，比土著半黑色的人低，他吸收了土著的文明而更增高若干级。

希腊人在欧洲东南也是这样，即地中海北岸赛米提各族人留居地也比希腊文明古得多多，野蛮人一旦进于文化，思想扩张了，而语言犹昔，于是乎凭借他们语言的特别质而出之思想当作妙道玄理了。

今试读汉语翻译之佛典,自求会悟,有些语句简直莫名其妙,然而一旦做些梵文的工夫,可以化艰深为平易,化牵强为自然,岂不是那样的思想很受那样的语言支配吗?希腊语言之支配哲学,前人已多论列,现在姑举一例:亚里斯多德所谓十个范畴者,后人对之有无穷的疏论,然这都是希腊语法上的问题,希腊语正供给我们这么些观念,离希腊语而谈范畴,则范畴断不能是这样子了。

其余如柏拉图的辩论,亚里斯多德的分析,所谓哲学,都是一往弥深的希腊话。且少谈古代的例,但论近代。德意志民族中出来最有声闻的哲人是康德,此君最有声闻的书是《纯理评论》。这部书所谈的不是一往弥深的德国话吗?这部书有法子翻译吗?英文中译本有二:一、出马克斯谬韧手,他是大语言学家;一、出麦克尔江,那是很信实的翻译。

然而他们的翻译都有时而穷,遇到好些名词须以不译了之。而专治康德学者,还要谆谆劝人翻译不可用,只有原文才信实;异国杂学的注释不可取,只有本国语言之标准义疏始可信。哲学应是逻辑的思想,逻辑的思想应是不局促于某一种语言的,应是和算学一样的容易翻译,或者说不待翻译,然而适得其反,完全不能翻译。则这些哲学受他们所由产生之语言之支配,又有甚么疑惑呢?

即如DingallSich一词,汉语固不能译他,即英文译了亦不像;然在德文中,则anSich本是常语,故此名词初不奇怪。又如最通常的动词,如Sain及Werden,及与这一类的希腊字曾经在哲学上作了多少祟,习玄论者所共见。又如戴卡氏之妙语"CogitoergoSum",翻译成英语已不像话,翻成汉语更做不到。算学思想,则虽以中华与欧洲语言之大异,而能涣然转译;哲学思想,则虽以英德语言之不过方言差别,而不能翻译。则哲学之为语言的副产物,似乎不待繁证即可明白了。

印度日耳曼族语之特别形质,例如主受之分,因致之别,过去及未来,已完及不满,质之与量,体之与抽,以及各种把动词变作名词的方式,不特略习梵文或希腊文方知道,便是略习德语也就感觉到这么烦。这些麻烦便是看来"仿佛很严重"的哲学分析之母。

汉语在逻辑的意义上,是世界上最进化的语言(参看叶斯波森著各书),失掉了一切语法上的烦难,而以句叙(Syntax)求接近逻辑的要求。并且是一个实事求是的语言,不富于抽象的名词,而抽象的观念,凡有实在可指者,也能设法表达出来。文法上既没有那么多的无意识,名词上又没有那么多的玄虚,则哲学断难在这个凭借发生,是很自然的了。

"斐洛苏非",译言爱智之义,试以西洋所谓爱智之学中包有各问题与战国秦汉诸子比,乃至下及魏晋名家宋明理学比,像苏格拉底那样的爱智论,诸子以及宋明理学是有的;像柏拉图所举的问题,中土至多不过有一部分,或不及半;像亚里斯多德那样竟全没有;像近代的学院哲学自戴卡以至康德各宗门,一个动词分析到微茫,一个名词之语尾变化牵成溥论(如Causality观念之受Iustrumental或Ablative字位观念而生者),在中土更毫无影响了。

拿诸子名家理学各题目与希腊和西洋近代哲学各题目比，不相干者如彼之多，相干者如此之少，则知汉土思想中原无严意的斐洛苏非一科，"中国哲学"一个名词本是日本人的贱制品，明季译拉丁文之高贤不曾有此，后来直到严几道、马相伯先生兄弟亦不曾有此，我们为求认识世事之真，能不排斥这个日本贱货吗？

那末，周秦汉诸子是些什么？答曰：他们是些方术家。自《庄子·天下篇》至《淮南鸿烈》，枚乘七发皆如此称，这是他们自己称自己的名词，犹之乎西洋之爱智者自己称自己为斐洛苏非。这是括称，若分言，则战国子家约有三类人：

一、宗教家及独行之士；

二、政治论者；

三、"清客"式之辩士。

例如墨家大体上属于第一类的，儒者是介于一二之间的，管晏申韩商老是属于第二类的，其他如惠施庄周邹衍慎到公孙龙等是侯王朝廷公子卿大夫家所蓄养之清客，作为辩谈以悦其"府主"的。这正合于十七八世纪西欧洲的样子，一切著文之人，靠朝廷风尚，贵族栽培的，也又有些大放其理想之论于民间的。这些物事，在西洋皆不能算作严格意义下之哲学，为什么我们反去借来一个不相干的名词，加在些不相干的古代中国人们身上呀？

诸子天人论导源

古史者，劫灰中之烬余也。据此烬余，若干轮廓有时可以推知，然其不可知者亦多矣。以不知为不有，以或然为必然，既远逻辑之戒律，又蔽事实之概观，诚不可以为术也。

今日固当据可知者尽力推至逻辑所容许之极度，然若以或然为必然，则自陷矣。即以殷商史料言之，假如洹上之迹深埋地下，文字器物不出土中，则十年前流行之说，如"殷文化甚低"，"尚在游牧时代"，"或不脱石器时代"，"殷本纪世系为虚造"等等见解，在今日容犹在畅行中，持论者虽无以自明，反对者亦无术在正面指示其非是。

差幸今日可略知"周因于殷礼"者如何，则"殷因于夏体"者，不特不能断其必无，且更当以殷之可借考古学自"神话"中入于历史为例，设定其为必有矣。

夏代之政治社会已演进至如何阶段，非本文所能试论，然夏后氏一代之必然存在，其文化必颇高，而为殷人所承之诸系文化最要一脉，则可就殷商文化之高度而推知之。

殷商文化今日可据遗物遗文推知者，不特不得谓之原始，且不得谓之单纯，乃集合若干文化系以成者，故其前必有甚广甚久之背景可知也。即以文字论，中国古文字之最早发端容许不在中土，然能身初步符号进至甲骨文字中之六书具备系统，而适应于诸夏语言之用，决非二三百年所能达也。

以铜器论，青铜器制造之最早发端固无理由加之中土，然制作程度与数量能如殷墟所表见者，必在中国境内有长期之演进，然后大量铜锡矿石来源之路线得以开发，资料得以积聚，技术及本地色彩得以演进，此又非短期所能至也。

此两者最易为人觉其导源西方，犹且如是，然则殷墟文化之前身，必在中国东西地方发展若干世纪，始能有此大观，可以无疑。因其事事物物皆表见明确的中国色彩，绝不与西方者混淆，知其在神州土上演化长久矣。

殷墟文化系之发见与分析，足征殷商以前在中国必有不止一个之高级文化，经若干世纪之演进而为殷商文化吸收之。殷墟时代二百余年中，其文字与器物与墓葬之结构，均无显然变易之痕迹，大体上可谓为静止时代。前此固应有急遽变转之时代，亦应有静止之时代。

以由殷商至春秋演进之速度比拟之，殷商时代以前（本书中言"殷商"者，指在殷之商而言，即商代之后半也。上下文均如此），黄河流域及其邻近地带中，不止一系之高级文化，必有若干世纪之历史，纵逾千年，亦非怪事也。（或以为夏代器物今日无一事可指实者，然夏代都邑，今日固未遇见，亦未为有系统之搜求。即如殷商之前身蒙亳，本所亦曾试求之于曹县商丘间，所见皆茫茫冲积地，至今未得丝毫线索。然其必有，必为殷商直接承受者，则无可疑也。殷墟之发见，亦因其地势较高，未遭冲埋，既非大平原中之低地，亦非山原中之低谷，故易出现。本所调查之遗址虽有数百处，若以北方全体论之，则亦太山之一丘垤也。又，古文字之用处，未必各处各时各阶级一致。设若殷人不用其文字于甲骨铜器上，而但用于易于消毁之资料上，则今日徒闻"殷人有册有典"一语耳。）且就组成殷商文化之分子言之，或者殷商统治阶级之固有文化乃是各分子中最低者之一，其先进于礼乐者，转为商人征服，落在政治中下层。（说见"夷夏东西说"，"新获卜辞写本后记跋"等。）商代统治者，以其武力鞭策宇内，而失其政治独立之先进人士，则负荷文化事业于百僚众庶之间。多士云"殷革夏命……夏迪简在王庭，有服在百僚"，斯此解之明证矣。

周革殷命，殷多士集于大邑东国雒，此中"商之孙子"固不少，亦当有其他族类，本为商朝所臣服者，周朝若无此一套官僚臣工，即无以继承殷代王朝之体统、维持政治之结构。此辈人士介于奴隶与自由人之间，其幸运者可为统治阶级之助手，其不幸者则夷人皂隶之等，既不与周王室同其立场，自不必与之同其信仰。

周初王公固以为周得天命有应得之道，殷丧天命亦有其应失之道，在此辈则吾恐多数不如此想，否则周公无须如彼哓哓也。此辈在周之鼎盛，安分慑服，骏臣新主而已。然既熟闻治乱之故实，备尝人生之滋味，一方不负政治之责任，一方不为贵族之厮养，潜伏则能思，忧患乃多虑，其文化程度固比统治者为先进，其鉴观兴亡祸福之思想，自比周室王公为多也。

先于孔子之闻人为史佚，春秋时人之视史佚，犹战国时之视孔子。史佚之家世虽不可详，要当为此一辈人，决非周之懿亲。其时代当为成王时，不当为文王时，则以洛诰知之。洛诰之"作册逸"，必即史佚，作册固为众史中一要职，逸佚则古通用。

《左传》及他书称史佚语，今固不可尽信其为史佚书，然后人既以识兴亡祸福之道称之，以治事立身之雅辞归之，其声望俨如孔子，其书式俨如五千文之格言体，其哲学则皆是世事智慧，其命义则为后世自宋国出之墨家所宗，则此君自是西周"知识阶级"之代表，彼时如有可称为"知识阶级"者，必即为"士"中之一类无疑也。

（按：史佚之书〔其中大多当为托名史佚者〕引于《左传》《国语》《墨子》者甚多，皆无以征其年代，可征年代者仅洛诰一事。《逸周书》克殷世俘两篇记史佚〔亦作史逸〕躬与杀纣之役，似为文武时之大臣。夫在文武时为大臣，在成王成年反为周公之作册〔当时之作册职略如今之秘书〕，无是理也。《逸周书》此数篇虽每为后人所引，其言辞实荒诞之至，至早亦不过战国时人据传说以成之书，不得以此掩洛诰。至于大小戴记所言，〔保傅篇，曾子问篇〕，乃汉人书，更不足凭矣。《论语·微子篇》，孔子称逸民，以夷逸与伯夷、叔齐、虞仲、朱张、柳下惠、少连并举。意者夷逸即史佚，柳下惠非不仕者，故史佚虽仕为周公之作册，仍是不在其位之人，犹得称逸士也。孔子谓"虞仲夷逸隐居放言，身中清，废中权"，果此夷逸即史佚，则史佚当是在作册后未尝复进。终乃退身隐居，后人传其话言甚多，其言旨又放达，不同习见也。"身中清"者，立身不失其为清，孟子之所以称伯夷也，"废中权"者，废法也，"法中权"犹云论法则以权衡折中之，盖依时势之变为权衡也。凡此情景，皆与《左传》《国语》所引史佚之词合。果史逸即夷逸一说不误。则史佚当为出于东夷之人，或者周公东征，得之以佐文献之掌，后乃复废，而名满天下，遂为东周谈掌故论治道者所祖述焉。）

当西周之盛，王庭中潜伏此一种人，上承虞夏商殷文化之统，下为后来文化转变思想发展之种子。然其在王业赫赫之日，此辈人固无任何开新风气之作用，平日不过为王朝守文备献，至多为王朝增助文华而已。迨王纲不振，此辈人之地位乃渐渐提高。暨宗周既灭，此辈乃散往列国，"辛有入晋，司马适秦，史角在鲁"（汪容甫语），皆其例也。于是昔日之伏而不出，潜而不用者，乃得发扬之机会，而异说纷纭矣。天人论之岐出，其一大端也。

东周之天命说，大略有下列五种趋势，其源似多为西周所有，庄子所谓"古之道术有在于是者"也。若其词说之丰长，陈义之蔓衍，自为后人之事。今固不当以一义之既展与其立说之胎质作为一事，亦不便徒见后来之发展，遂以为古者并其本根亦无之。凡此五种趋势，一曰命定论，二曰命正论，三曰俟命论，四曰命运论，五曰非命论，分疏如下。

命定论者，以天命为固定，不可改易者也。此等理解，在民间能成牢固不可破之信念，在学人口中实不易为之辩护。逮炎汉既兴，民智复昧，诸子衰息，迷信盛行，然后此说盛传于文籍中。春秋时最足以代表此说者，如《左传》宣三年王孙满对楚子语：

成王定鼎于郏鄏，卜世三十，卜年七百，天所命也。周德虽衰，天命未改。鼎之轻重，未可问也。

此说之根源自在人民信念中，后世所谓《商书·西伯戡黎篇》载王纣语曰，"呜呼我生不有命在天"。此虽非真商书，此说则当是自昔流传者。《周诰》中力辟者，即此天命不改易之说。此说如不在当时盛行，而为商人思恋故国之助，则周公无所用其如是之喋喋也。

命正论者，谓天眷无常，依人之行事以降祸福，《周诰》中周公召公所谆谆言之者，皆此义也。此说既为周朝立国之实训，在后世自当得承信之人。《左传》《国语》多记此派思想之词，举例如下：

季梁……对曰，"夫民，神之主也，是以圣王先成民而后致力于神。"（桓六年）宫之奇……对曰，"臣闻之，鬼神非人实亲，惟德是依。故《周书》曰'皇天无亲，惟德是辅。'又曰'黍稷非馨，明德惟馨。'又曰，'民不易物，惟德繄物。'如是，则非德，民不和，神不享矣。神所凭依，将在德矣。"（僖五年）

"是阴阳之事，非吉凶所生也。吉凶由人。"（僖十六年）

唯有嘉功以命姓受祀，迄于天下。及其失之也，必有慆淫之心间之，故亡其氏姓。……夫亡者岂繄无宠？皆黄炎之后也。惟不帅天地之度，不顺四时之序，不度民神之义，不仪生物之则，以殄灭无胤，至于今不祀。及其得之也，必有忠信之心间之，度于天地，而顺于时动，和于民神，而仪于物则。……其兴者必有夏吕之功焉，其废者必有共鲧之败焉。（周语下）

举此以例其他，谓此为周人正统思想可也。此说固为人本思想之开明，亦足为人生行事之劝勉，然其"兑现能力"究如何，在静思者心中必生问题。其所谓贤者必得福耶，则孝已伯夷何如？其所谓恶者必得祸耶，则瞽瞍弟象何如？奉此正统思想者，固可将一切考终命得禄位者说成贤善之人，古人历史思想不发达，可听其铺张颠倒，然谓贤者必能寿考福禄，则虽辩者亦难乎其为辞矣。《墨子》诸篇曾试为此说，甚费力，甚智辩，终未足以信人也。于是俟命之说缘此思想而起焉。

俟命论者，谓上天之意在大体上是福善而祸淫，然亦有不齐者焉，贤者不必寿，不仁者不必不禄也。夫论其大齐，天志可征，举其一事，吉凶未必。君子惟有敬德以祈天之永命（语见《召诰》），修身以俟天命之至也（语见《孟子》）。此为儒家思想之核心，亦为非宗教的道德思想所必趋。

命运论者，自命定论出，为命定论作繁复而整齐之系统者也。其所以异于命定者，则以命定论仍有"谆谆命之"之形色，命运论则以为命之转移在潜行默换中有其必然之公式。运，迁也。孟子所谓"一治一乱",所谓"五百年必有王者兴,其间必有名世者",即此思想之踪迹。《左传》所载论天命之思想多有在此义范围中者,如宋司马子鱼云,"天之弃商久矣,君将兴之,弗可赦也已。"(僖二十二)谓一姓之命既讫不可复兴也。又如秦缪公云:"吾闻唐叔之封也,箕子曰,其后必大,晋其庸可冀乎?"此谓命未终者,人不得而终之也。此一思想实根基于民间迷信,故其来源必古,逮邹衍创为五德终始之论,此思想乃成为复杂之组织,入汉弥盛,主宰中国后代思想者至大焉。

非命论者,墨子书为其明切之代表,其说亦自命正论出,乃变本加厉,并命之一词亦否认之。然墨子所非之命,指前定而不可变者言,《周诰》中之命以不常为义,故墨子说在大体上及实质上无所多异于周公也。

以上五种趋势,颇难以人为别,尤不易以学派为类,即如儒家,前四者之义兼有所取,而俟命之彩色最重。今标此五名者,用以示天人观念之演变可有此五者,且实有此五者错然杂然见于诸子,而皆导源于古昔也。兹为图以明五者之相关如下:

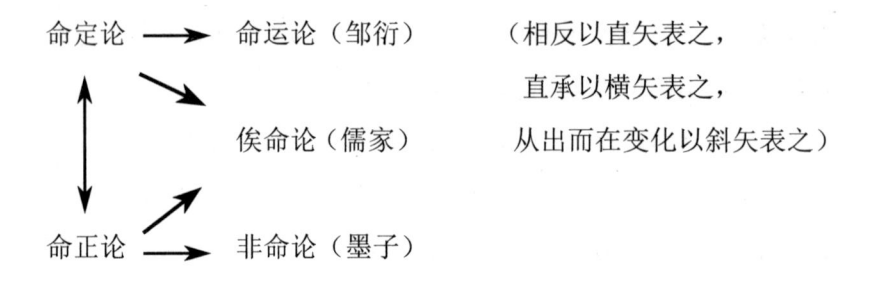

命定论 ──→ 命运论(邹衍)　　(相反以直矢表之,
　↑　　↘　　　　　　　　　　　直承以横矢表之,
　↓　　　　俟命论(儒家)　　　从出而在变化以斜矢表之)
　　　　↗
命正论 ──→ 非命论(墨子)

春秋战国之际为什么诸家并兴

在回答这个问题之前，我们先要问诸子并兴是不是起于春秋战国之际？近代经学家对于中国古代文化的观念大别有两类：

一类以为孔子有绝大的创作力，以前朴陋得很，江永、孔广森和好些今文学家都颇这样讲；而极端例是康有为，几乎以为孔子以前的东西都是孔子想象的话，诸子之说，皆创于晚周。

一类以为至少西周的文化已经极高，孔子不过述而不作，周公原是大圣，诸子之说皆有很长的渊源，戴震等乾嘉间大师每如此想，而在后来代表这一说之极端者为章炳麟。

假如我们不是在那里争今古文的门户，理当感觉到事情不能如此简单。九流出于王官，晚周文明只等于周公制作之散失之一说，虽绝对不可通；然若西周春秋时代文化不高，孔老战国诸子更无从凭借以生其思想。

我们现在关于西周的事知道的太不多了，直接的材料只有若干金文，间接的材料只有《诗》《书》两部和些不相干的零碎，所以若想断定西周时的文化有几多高，在物质的方面还可盼望后来的考古学有大成功，在社会人文方面恐怕竟要绝望于天地之间了。

但西周晚年以及春秋全世，若不是有很高的人文，很细的社会组织，很奢侈的朝廷，很繁丰的训典，则直接春秋时代而生之诸子学说，如《论语》中之"人情"，《老子》中之"世故"，《墨子》之向衰败的文化奋抗，《庄子》之把人间世看作无可奈何，皆都若无所附丽。

在春秋战国间书中，无论是述说朝士典言的《国语》（《左传》在内），或是记载个人思想的《论语》，或是把深刻的观察合着沉郁的感情的《老子》五千言，都只能生在一个长久发达的文化之后，周密繁丰的人文之中。且以希腊为喻，希腊固是一个新民族，在他的盛时一切思想家并起，仿佛像是前无古人者。然近代东方学发达之后，希腊人文承受于东方及埃及之事件愈现愈多，并非无因而光大，在现在已全无可疑。

东周时中国之四邻无可向之借文化者，则其先必有长期的背景，以酝酿这个东周的人文，更不能否认。只是我们现在所见的材料，不够供给我们知道这个背景的详细的就是了。然而以不知为不有，是谈史学者极大的罪恶。

论语有"述而不作"的话，庄子称述各家皆冠以"古之道术有在于是者"，这些话虽不可固信，然西周春秋总有些能为善言嘉训，如史佚周任，历为后人所称道者。

既把前一题疏答了，我们试猜春秋战国间何以诸子并起之原因。既已书缺简脱，则一切想象，无非求其为合理之设定而已。

一、春秋战国间书写的工具大有进步。在春秋时，只政府有力作文书者，到战国初年，民间学者也可著书了。西周至东周初年文籍现在可见者，皆是官书。《周书》《雅》《颂》不必说，即如《国风》及《小雅》若干篇，性质全是民间者，其著于简篇当在春秋之世。《国语》乃由各国材料拼合而成于魏文侯朝，仍是官家培植之著作，私人无此力量。《论语》虽全是私家记录，但所记不过一事之细，一论之目，稍经展转，即不可明了。礼之宁俭，丧宁戚，或至以为非君子之言，必当时著书还甚受物质的限制，否则著书不应简括到专生误会的地步。然而一到战国中期，一切丰长的文辞都出来了，孟子的长篇大论，邹衍的终始五德，庄子的卮言日出，惠施的方术五车，若不是当时学者的富力变大，即是当时的书具变廉，或者兼之。这一层是战国子家记言著书之必要的物质凭借。

二、封建时代的统一固然不能统一得像郡县时代的统一，然若王朝能成文化的中心，礼俗不失其支配的势力，总能有一个正统的支配力，总不至于异说纷纭。周之本土既丧于戎，周之南国又亡于楚，一入春秋周室只是亡国。所谓"尊天子"者，只是诸侯并争不得其解决之遁词，外族交逼不得不团结之口号。宋以亡国之余，在齐桓晋文间竟恢复其民族主义（见《商颂》）；若鲁颂之鲁，也是俨然以正统自居的。二等的国家已这样，若在齐楚之富，秦晋之强，其"内其国而外诸夏"，更不消说。政治无主，传统不能支配，加上世变之纷繁，其必至于磨擦出好些思想来，本是自然的。思想本是由于精神的不安定而生，"天下恶乎定，曰，定于一"；思想恶乎生，曰，生于不一。

三、春秋之世，保持传统文化的中原国家大乱特乱，四边几个得势的国家却能大启土宇。齐尽东海，晋灭诸狄，燕有辽东，以鲁之不强也还在那里开淮泗；至于秦楚吴越之本是外国，不过受了中国文化，更不必说了。这个大开拓，大兼并的结果：第一，增加了全民的富力，蕃殖了全民的生产。第二，社会中的情形无论在经济上或文化上都出来了好些新方面，更使得各国自新其新，各人自是其是。第三，春秋时代部落之独立，经过这样大的扩充及大兼并不能保持了，渐由一切互谓蛮夷互谓戎狄的，混合成一个难得分别"此疆尔界"的文化，绝富于前代者。这自然是出产各种思想的肥土田。

四、因上一项所叙之扩充而国家社会的组织有变迁。部落式的封建国家进而为军戎大国，则刑名之论当然产生。国家益大，诸侯益侈，好文好辩之侯王，如枚乘《七发》中对越之太子，自可"开第康庄，修大夫之列"，以养那些食饱饭、没事干，专御人以口给的。于是惠施公孙龙一派人可得养身而托命。且社会既大变，因社会之大变而生之深刻观察可得丰衍，如老子。随社会之大变而造之系统伦理，乃得流行，如墨家。大变大紊乱时，出产大思想大创作，因为平时看得不远，乱时刺得真深。

综括上四项：第一，著书之物质的凭借增高了，古来文书仕官，学不下庶人，到战国不然了；第二，传统的宗主丧失了；第三，因扩充及混合，使得社会文化的方面多了；第四，因社会组织的改变，新思想的要求乃不可止了。历传的文献只是为资，不能复为师，社会的文华既可以为用，复可以为戒。纷纭扰乱，而生磨擦之力；方面复繁，而促深澈之观。方土之初交通，民族之初混合，人民经济之初向另一面拓张，国家社会根本组织之初变动，皆形成一种新的压力，这压力便是逼出战国诸子来的。

战国诸子除墨子外皆出于职业

　　《七略》《汉志》有九流十家皆出于王官之说。其说曰：儒家者流盖出于司徒之官，道家者流盖出于史官，阴阳家者流盖出于义和之官，法家者流盖出于理官，名家者流盖出于礼官，墨家者流盖出于清庙之守，纵横家者流盖出于行人之官，杂家者流盖出于议官，农家者流盖出于寥稷之官，小说家者流盖出于稗官。胡适之先生驳之，说见所著《中国古代哲学史·附录》。其论甚公直，而或者不尽揣得其情。谓之公直者，出于王官之说实不可通，谓之不尽揣得其情者，盖诸子之出实有一个物质的凭借，以为此物质的凭借即是王官者误，若忽略此凭借，亦不能贯彻也。百家之说皆由于才智之士在一个特殊的地域当一个特殊的时代凭借一种特殊的职业而生。现在先列为一表，然后择要疏之。

家名	地域	时代	职业	附记
孔丘	鲁其说或有源于宋者	春秋末	教人	
卜商	由鲁至魏	春秋战国间	教人	
曾参	鲁	春秋战国间	教人	
言偃	吴	春秋战国间	教人	
孔伋	由鲁至宋	春秋战国间	教人亦曾在宦	
颛孙师	陈	春秋战国间	教人	
漆雕开	今本《家语》云蔡人	春秋战国间		近于侠
孟轲	邹鲁 游于齐梁	战国中期	教人亦为诸侯客	近于游谈
荀卿	赵	战国末期	教人	
以上儒宗				
墨翟	宋或由鲁反不动而出	春秋战国间	以《墨子》书中情形断之则亦业教人之业者	
禽滑厘	曾学于魏仕于宋	战国初期		

续表

家名	地域	时代	职业	附记
孟胜	仕于荆	战国初期	墨者巨子为阳城君守而死	
田襄	宋	战国初期	墨者巨子	
腹䵍	居秦	战国中期	墨者巨子	
田俅	齐	战国中期		
相里勤	南方			
相夫氏	南方			
邓陵子	南方			
苦获	南方			
己齿	南方			
以上墨宗					
宋钘	或是宋人然作为华山之冠必游于秦矣	战国中期	游说止兵	
尹文				
以上近墨者					
史鰌	卫	春秋末	太史	
陈仲	齐	战国中期	独行之士	

续表

家名	地域	时代	职业	附记
许行	楚	战国中期	独行之士	
以上独行之士				
管仲	齐	管仲春秋中季人然托之著书者至早在战国初	齐相	
晏要	齐	晏婴春秋末人然托之者至早在战国初	齐相	
老聃即太史儋	周	战国初	太史	
关喜或太史儋同时人	周	战国初	关伊	
商鞅	卫韩秦	战国初然托之著书至早在战国中	秦相	
申不害	韩	战国初	韩相	
韩非	韩	战国末	韩国疏族	
以上政论				

续表

家名	地域	时代	职业	附记
苏秦	周人而仕六国	战国中期	六国相	苏秦张仪书皆为纵横学者所托
张仪	魏人而仕秦	战国中	秦相	
以上纵横之士					
魏牟	魏	战国中	魏卿	
庄周	宋	战国中	诸侯客或亦独行之士	
惠施	仕魏	战国中	魏卿	
公孙龙	赵	战国中	诸侯客	
邓析	郑	春秋末		
彭蒙				
邹忌	齐	战国初	齐卿	
邹衍	齐	战国中	诸侯客	
淳于髡	齐	战国中	齐稷下客	
慎到	赵	战国中	齐稷下客	
田骈	齐	战国中	齐稷下客	
接子	齐	战国中	齐稷下客	
环渊	楚	战国中	齐稷下客	
以上以言说侈谈于诸侯朝廷，若后世所谓"清客"者。				

附记：一、列子虽存书，然伪作，其人不可考，故不录入。

二、一切为东汉后人所伪托之子家不录入。

三、《吕氏春秋》之众多作者皆不可考，且是类书之体，非一家之言，故不列入。

就上表看，虽不全不尽，然地方时代职业三事之与流派有相关系处，已颇明显，现在更分论之。

一、所谓儒者乃起于鲁流行于各地之"教书匠"。儒者以孔子为准，而孔子之为"教书匠"在《论语》中甚明显：

子曰：学而时习之，不亦悦乎？

子曰：弟子，入则教，出则悌，谨而信，泛爱众，而亲仁。行有余力，则以学文。

子谓子夏曰：女为君子儒，无为小人儒。

子曰：默而识之，学而不厌，诲人不倦，何有于我哉？

子曰：德之不修，学之不讲，闻义不能徙，不善不能改，是吾忧也。

子曰：志于道，据于德，依于仁，游于艺。

子曰：自行束脩以上，吾未尝无诲焉。

子曰：不愤不启，不悱不发，举一隅不以三隅反，则不复也。

子曰：兴于诗，立于礼，成于乐。

子疾病，子路使门人为臣。病间，曰：久矣哉，由之行诈也！无臣而为有臣，吾谁欺？欺天乎？

子曰：小子何莫学夫诗？诗，可以兴，可以观，可以群，可以怨；迩之事父，远之事君，多识于鸟兽草木之名。

子路使子羔为费宰，子曰：贼夫人之子！子路曰：有民人焉，有社稷焉，何必读书，然后为学？子曰：是故恶夫佞者。

上文不过举几个例，其实一部《论语》三分之二是教学生如何治学，如何修身，如何从政的。孔子诚然不是一个启蒙先生，但他既不是大夫，又不是众民，开门受徒，东西南北，总要有一个生业。不为匏瓜，则只有学生的束脩；季孟齐景卫灵之"秋风"，是他可资以免于"系而不食"者。不特孔子如此，即他的门弟子，除去那些做了官的以外，也有很多这样。

《史记·儒林传》叙："自孔子卒后，七十子之徒，散游诸侯，大者为师傅卿相，小者友教士大夫，或隐而不见。故子路居卫，子张居陈，澹台子羽居楚，子夏居西河，子贡终于齐。如田子方段干木吴起禽滑厘之属，皆受业于子夏之伦，为王者师。"这样进则仕，退则教的生活，既是儒者职业之所托，又是孔子成大名之所由。

盖一群门弟子到处教人，即无异于到处宣传。儒者之仕宦实不达，在魏文侯以外没有听说大得意过，然而教书的成绩却极大。诗书礼乐春秋本非儒者之专有物，而以他们到处教人的缘故，弄成孔子删述六经啦。

二、墨为儒者之反动，其一部分之职业与儒者同，其另一部分则各有其职业。按：墨为儒者之反动一说，待后详论之。墨与儒者同类而异宗，也在那里上说世主，下授门徒。但墨家是比儒者更有组织的，而又能吸收士大夫以下之平民。既是一种宗教的组织，则应有以墨为业者，而一般信徒各从其业。故儒纵横刑名兵法皆以职业名，墨家独以人名。

三、纵横刑法皆是一种职业，正所谓不辩自明者。

四、史官之职，可成就些多识前言往行，深明世故精微之人。一因当时高文典册多在官府，业史官者可以看到；二因他们为朝廷作记录，很可了澈些世事。所以把世故人情看得最深刻的老聃出于史官，本是一件自然的事。

五、若一切不同的政论者，大多数是学治者之言，因其国别而异趋向。在上列的表内管晏关老申商韩非之列中，管晏商君都不会自己做书的，即申不害也未必能自己著书，这都是其国后学从事于学政治者所托的。至于刑名之学，出于三晋郑乡官术，更是一种职业的学问，尤不待说了。

六、所有一切名家辩士，虽然有些曾做到了卿相的，但大都是些诸侯所养的宾客，看重了便是大宾，看轻了便同于"优倡所蓄"。这是一群大闲人，专以口辩博生活的。有这样的职业，才成就这些辩士的创作；魏齐之廷，此风尤盛。

综括前论，无论有组织的儒墨显学，或一切自成一家的方术论者，其思想之趋向多由其职业之支配。其成家之号，除墨者之称外，如纵横名法等等，皆与其职业有不少关系。今略变《汉志》出于王官之语，或即觉其可通。若九流之分，本西汉中年现象，不可以论战国子家，是可以不待说而明白的。

流别	《七略》所释	今释
儒家者流	出于司徒之官	出于"教书匠"。
道家者流	出于史官	有出于史官者，有全不相干者。"汉世"道家本不是单元。按道家一词，入汉始闻。
阴阳家者流	出于义和之官	出于业文史星历卜祝者。
法家者流	出于理官	法家非单元，出于齐晋秦等地之学政习法典刑者。
名家者流	出于礼官	出于诸侯朝廷中供人欣赏之辩士。
墨家者流	出于清庙之守	出于向儒者之反动，是宗教的组织。
纵横家者流	出于行人之官	出于游说形势者。
杂家者流	出于议官	"杂"固不成家，然汉世淮南、东方却成此格，其源出于诸侯朝廷广置方术殊别之士，来者不专主一家，遂成杂家矣。
小说家者流	出于稗官	出于以说故事为职业之诸侯客。
以上所谓"名""杂""小说"三事，简直言之，皆出于所谓"清客"。		

故《七略》《汉志》此说，其辞虽非，其意则似无谓而有谓。

止有儒墨为有组织之宗派

诸子百家中，墨之组织为最严整，有巨子以传道统，如加特力法皇达喇喇嘛然。又制为一切墨者之法而自奉之，且有死刑（《吕氏春秋·去私篇》腹䵍为墨者巨子，居秦，其子杀人。秦惠王曰："先生之年长矣，非有他子也。寡人已令吏弗诛矣，先生之以听寡人也。"腹䵍对曰："墨者之法，杀人者死，伤人者刑，此所以禁杀伤人也"云云）。

此断非以个人为单位之思想家，实是一种宗教的组织自成一种民间的建置，如所谓"早年基督教"者是。所以墨家的宗旨，一条一条固定的，是一个系统的宗教思想。（尚贤、尚同、兼爱、非攻、节用、节葬、天志、明鬼、非乐。）又建设一个模范的神道（三过家门而不入之禹），作为一切墨家的制度。虽然后来的墨者分为三（或不止三），而南方之墨者相谓别墨，到底不至于如儒墨以外之方术家，人人自成一家。

孟子谓杨墨之言盈天下，墨为有组织之宗教，杨乃一个人的思想家，此言应云，如杨朱一流人者盈天下，而墨翟之徒亦盈天下。盖天下之自私自利者极多，而为人者少，故杨朱不必作宣传，而天下滔滔皆杨朱；墨宗则非宣传不可。所以墨子之为显学，历称于孟庄荀韩吕刘司马父子《七略》《汉志》，而杨朱则只孟子攻之，天下篇所不记，非十二子所不及，五蠹显学所不括，《吕览》《淮南》所不称，六家九流所不列。这正因为"纵情性安恣睢禽兽行"之它嚣魏牟固杨朱也。

庄子之人生观，亦杨朱也。所以儒墨俱为传统之学，而杨朱虽号为言盈天下，其人犹在若有若无之间。至于其他儒墨以外各家，大别可分为四类。

一、独行之士此固人自为说，不成有组织的社会者，如陈仲史鲋等。

二、个体的思想家此如太史儋之著五千言，并非有组织的学派。（但黄老之学至汉初年变为有组织之学派）

三、各地治"治术"一种科学者此如出于齐之管仲晏子书，出于三晋之李悝书，出于秦之商子书，出于韩之申子书，及自己著书之韩公子非。这都是当年谈论政治的"科学"。

四、诸侯朝廷之"清客"论所谓一切辩士，有些辩了并不要实行的，有些所辩并与行事毫不相干的（如"白马非马"），有些全是文士。这都是供诸侯王之精神上之娱乐者。梁孝王朝武帝朝犹保存这个战国风气。

附：《白马非马》

曰："白马非马，可乎？"

曰："可。"

曰："何哉？"

曰："马者，所以命形也。白者，所以命色也。命色者，非命形也，故曰白马非马。"

曰："有白马，不可谓无马也。不可谓无马者，非马也？有白马为有马，白之非马，何也？"

曰："求马，黄、黑马皆可致。求白马，黄、黑马不可致。使白马乃马也，是所求一也，所求一者，白者不异马也。所求不异，如黄、黑马有可有不可，何也？可与不可其相非明。故黄、黑马一也，而可以应有马，而不可以应有白马，是白马之非马审矣。"

曰："以马之有色为非马，天下非有无色之马也。天下无马，可乎？"

曰："马固有色，故有白马。使马无色，有马如已耳，安取白马？故白者非马也。白马者，马与白也；马与白马也，故曰：白马非马也。"

曰："马未与白为马，白未与马为白。合马与白，复名白马，是相与以不相与为名，未可。故曰：白马非马，未可。"

曰："以有白马为有马，谓有白马为有黄马，可乎？"

曰："未可。"

曰："以有马为异有黄马，是异黄马于马也。异黄马于马，是以黄马为非马。以黄马为非马，而以白马为有马；此飞者入池，而棺椁异处；此天下之悖言乱辞也。"

曰："有白马，不可谓无马者，离白之谓也。是离者有白马不可谓有马也。故所以为有马者，独以马为有马耳，非有白马为有马。故其为有马也，不可以谓马马也。"

曰："白者不定所白，忘之而可也。白马者，言定所白也。定所白者，非白也。马者无去取于色，故黄、黑皆所以应。白马者，有去取于色，黄、黑马皆所以色去，故唯白马独可以应耳。无去者非有去也。故曰：白马非马。"

儒为诸子之前驱,亦为诸子之后殿

按,儒为诸子中之最前者,孔子时代尚未至于百家并鸣,可于《论语》《左传》《国语》各书得之。虽《论语》所记的偏于方域,《国语》所记的不及思想,但在孔丘的时代果然诸子已大盛者,孔丘当不至于无所论列。

孔丘以前之儒,我们固完全不曾听说是些什么东西;而墨起于孔后,更不成一个问题。其余诸子之名中,管晏两人之名在前,但著书皆是战国时人所托,前人论之已多。著书五千言之"老子"乃太史儋,汪容甫、毕秋帆两人论之已长;此外皆战国人。则儒家之兴,实为诸子之前驱,是一件显然的事实。

孔子为何如人,现在因为关于孔子的真材料太少了,全不能论定,但《论语》所记他仍是春秋时人的风气,思想全是些对世间务的思想,全不是战国诸子的放言高论。即以孟荀和他比,孟子之道统观、论性说,荀子之治本论、正儒说,都已是系统的思想;而孔丘乃是"毋意","毋必","毋固","毋我"的"学愿"。所以孔丘虽以其"教"教出好些学生来，散布到四方，各自去教，而开诸子的风气，自己仍是一个春秋时代的殿军而已。

儒者最先出，历对大敌三：一、墨家；二、黄老；三、阴阳。儒墨之战在战国极剧烈，这层可于孟墨韩吕诸子中看出。儒家黄老之战在汉初年极剧烈，这层《史记》有记载。汉代儒家的齐学本是杂阴阳的，汉武帝时代的儒学已是大部分糅合阴阳，如董仲舒；以后纬书出来，符命图识出来，更向阴阳同化。所以从武帝到光武虽然号称儒学正统，不过是一个名目，骨子里头是阴阳家已篡了儒家的正统。直到东汉，儒学才渐渐向阴阳求解放。

儒墨之战，儒道之战，儒均战胜。儒与阴阳之战（此是相化非争斗之战），儒虽几乎为阴阳所吞，最后仍能超脱出来。战国一切子家一律衰息之后，儒者独为正统，这全不是偶然，实是自然选择之结果。儒家的思想及制度中，保存部落时代的宗法社会性最多，中国的社会虽在战国大大的动荡了一下子，但始终没有完全进化到军国，宗法制度仍旧是支配社会伦理的。所以黄老之道，申韩之术，可为治之用，不可为社会伦理所从出。这是最重要的一层理由。

战国时代因世家之废而尚贤之说长，诸子之言兴，然代起者仍是士人一个阶级，并不是真正的平民。儒者之术恰是适应这个阶级之身分，虚荣心，及一切性品的。所以墨家到底不能挟民众之力以胜儒，而儒者却可挟王侯之力以胜墨，这也是一层理由。天下有许多东西，因不才而可绵延性命。

战国之穷年大战，诸侯亡秦，楚汉战争，都是专去淘汰民族中最精良最勇敢最才智的分子的。所以中国人经三百年的大战而后，已经"锉其锐，解其纷，和其光，同其尘"了。淘汰剩下的平凡庸众最多，于是儒家比上不足，比下有余的稳当道路成王道了。儒家之独成"适者的生存"，和战国之究竟不能全量的变古，实在是一件事。

假如楚于城濮之战，灭中原而开四代（夏商周楚）；匈奴于景武之际，吞区夏而建新族；黄河流域的人文历史应该更有趣些，儒家也就不会成正统了。又假如战国之世，中国文化到了楚吴百越而更广大。新民族负荷了旧文化而更进一步，儒者也就不会更延绵了。新族不兴，旧宪不灭，宗法不亡，儒家长在。中国的历史，长则长矣；人民，众则众矣。致此之由，中庸之道不无小补，然而果能光荣快乐乎哉？

战国诸子之地方性

　　凡一个文明国家统一久了以后，要渐渐的变成只剩了一个最高的文化中心点，不管这个国家多么大。若是一个大国家中最高的文化中心点不止一个时，便要有一个特别的原因，也许是由于政治的中心点和经济的中心点不在一处，例如明清两代之吴会；也许是由于原旧国家的关系，例如罗马帝国之有亚历山大城，胡元帝国之有杭州。但就通例说，统一的大国只应有一个最高的文化中心点的。所以虽以西汉关东之富，吴梁灭后，竟不复闻类于吴苑梁朝者。虽以唐代长江流域之文化，隋炀一度之后，不闻风流文物更炽于汉皋吴会。

　　统一大国虽有极多便宜，然也有这个大不便宜。五季十国之乱，真是中国历史上最不幸的一个时期了，不过也只有在五季十国那个局面中，南唐西蜀乃至闽地之微，都要和借乱的中朝争文明的正统。这还就单元的国家说，若在民族的成分颇不相同的一个广漠文明区域之内，长期的统一之后，每至消磨了各地方的特性，而减少了全部文明之富度，限制了各地各从其性之特殊发展。若当将混而未融之时，已通而犹有大别之间，应该特别发挥出些异样的文华来。近代欧洲正是这么一个例，或者春秋战国中也是这样子具体而微罢？

战国诸子之有地方性，《论语》《孟子》《庄子》均给我们一点半点的记载，若《淮南要略》所论乃独详。近人有以南北混分诸子者，其说极不可通。盖春秋时所谓"南"者，在文化史的意义上与楚全不相同（详拙论"南国"），而中原诸国与其以南北分，毋宁以东西分，虽不中，犹差近。在永嘉丧乱之前，中国固只有东西之争，无南北之争（晋楚之争而不决为一例外）。所以现在论到诸子之地方性，但以国别为限不以南北西东等泛词为别。

齐燕附战国时人一个成见，或者这个成见正是很对，即是谈到荒诞不经之人，每说他是齐人。孟子，"此齐东野人之语也"；庄子，"齐谐者，志怪者也"；《史记》所记邹衍等，皆其例。春秋战国时，齐在诸侯中以地之大小比起来，算最富的（至两汉尚如此），临淄一邑的情景，假如苏秦的话不虚，竟是一个近代大都会的样子。地方又近海，或以海道交通而接触些异人异地；并且从早年便成了一个大国，不像邹鲁那样的寒酸。姜田两代颇出些礼贤下士的侯王。且所谓东夷者，很多是些有长久传说的古国，或者济河岱宗以东，竟是一个很大的文明区域。又是民族迁徙自西向东最后一个层次（以上各节均详别论）。那么，齐国自能发达他的特殊文化，而成到了太史公时尚为人所明白见到的"泱泱乎大国风"，正是一个很合理的事情。齐国所贡献于晚周初汉的文化大约有五类（物质的文化除外）。

甲、宗教　试看《史记·秦始皇本纪》，则知秦皇汉武所好之方士，实原自齐，燕亦附庸在内。方士的作祸是一时的，齐国宗教系统之普及于中国是永久的。中国历来相传的宗教是道教，但后来的道教造形于葛洪寇谦之一流人，其现在所及见最早一层的根据，只是齐国的神祠和方士。八祠之祀，在南朝几乎成国教；而神仙之论，竟成最普及最绵长的民间信仰。

乙、五行论　五行阴阳论之来源已不可考，《甘誓》《洪范》显系战国末人书（我疑《洪范》出自齐，伏生所采以人廿八篇者）。现在可见之语及五行者，以荀子《非十二子》篇为最多。荀子訾孟子子思以造五行论，然《今本孟子》《中庸》中全无五行说，《史记·孟子荀卿列传》中却有一段，记邹衍之五德终始论最详：

齐有三邹子。其前邹忌，以鼓琴干威王，因及国政，封为成侯，而受相印，先孟子。其次邹衍，后孟子。邹衍睹有国者益淫侈，不能尚德，若大雅整之于身施及黎庶矣，乃深观阴阳消息，而作怪迂之变。终始大圣之篇十余万言。其语闳大不经，必先验小物，推而大之，至于无垠。

先序今以上至黄帝，学者所共术，大并世盛衰，因载其机祥度制，推而远之，至天地未生，窈冥不可考而原也。先列中国名山、大川、通谷、禽兽，水土所殖，物类所珍，因而推之及海外，人之所不能睹。称引天地剖判以来，五德转移，治各有宜，而符应若兹。以为儒者所谓中国者，于天下乃八十一分居其一分耳。

中国名曰赤县神州，赤县神州内自有九州，禹之序九州是也，不得为州数。中国外如赤县神州者九，乃所谓九州也，于是有裨海环之。人民禽兽莫能相通者，如一区中者，乃为一州。如此者九，乃有大瀛海环其外，天地之际焉。其术皆此类也。然要其归必止乎仁义节俭，君臣上下六亲之施，始也滥耳。

王公大人初见其术。惧然顾化，其后不能行之。是以邹子重于齐；适梁，梁惠王郊迎，执宾主之礼；适赵，平原君侧行撇席；如燕，昭王拥彗先驱，请列弟子之座而受业，筑碣石宫，身亲往师之，作主运。

邹子出于齐，而最得人主景仰于燕，燕齐风气，邹子一身或者是一个表象。邹子本不是儒家，必战国晚年他的后学者托附于当时的显学儒家以自重，于是谓五行之学创自子思孟轲，荀子习而不察，遽以之归罪子思孟轲，遂有《非十二子》中之言。照这看来，这个五行论在战国末很盛行的，诸子《史记》不少证据。且这五行论在战国晚年不特托于儒者大师，又竟和儒者分不开了。《史记·秦始皇本纪》：

卢生说始皇曰："臣等求芝奇药仙者常弗遇，类物有害之者。方中：人主时为微行，以辟恶鬼，恶鬼辟真人至。至人主所居，而人臣知之，则害于神。真人者，入水不濡，入火不蒸，陵云气，与天地久长。今上治天下，未能恬惔，愿上所居宫毋令人知。然后不死之药殆可得也。"于是始皇曰："吾慕真人，自谓真人不称朕。"乃令咸阳之旁二百里内，宫观二百七十，复道甬道相连，帷帐钟鼓美人充之，各案署，不移徙。

行所幸有言其处者，罪死。始皇帝幸梁山宫，从山上见丞相车骑众，弗善也。中人或告丞相，丞相后损车骑。始皇怒曰："此中人泄吾语。"案问，莫服。当是时，诏捕诸时在旁者，皆杀之。自是后莫知行之所在，听事群臣受决事悉于咸阳宫。侯生卢生相与谋曰："始皇为人天性刚戾自用，起诸侯，并天下，意得欲从，以为自古莫及己。专任狱吏，狱吏得亲幸，博士虽七十人，特备员弗用。相诸大臣皆受成事，倚办于上。上乐以刑杀为威，天下畏罪，持禄莫敢尽忠。上不闻过而日骄，下慑伏谩欺以取容。秦法，不得兼方，不验，辄死；然候星气者至三百人，皆良士，畏忌讳、谀、不敢端言其过。

天下之事无小大皆决于上，上至以衡石量书，日夜有呈，不中呈，不得休息。贪于权势至如此，未可为求仙药。"于是乃亡去。始皇闻亡，乃大怒曰："吾前收天下书，不中用者尽去之，悉召文学方术士甚众，欲以兴太平。方士欲炼以求奇药。今闻韩众去，不报，徐市等费以巨万计，终不得药，徒奸利相告，日闻。卢生等吾尊赐之甚厚，今乃诽谤我，以重吾不德也。

诸生在咸阳者，吾使人廉问，或为妖言，以乱黔首。"于是使御史悉案问诸生，诸生传相告引，乃自除犯禁者四百六十余人，皆坑之咸阳，使天下知之，以惩后。益发谪徙边，始皇长子扶苏谏曰："天下初定，远方黔首未集，诸生皆诵法孔子，今上皆重法绳之，臣恐天下不安。惟上察之！"始皇怒，使扶苏北监蒙恬于上郡。

这真是最有趣的一段史料，分析如下：
一、卢生等只是方士，决非邹鲁之所谓儒；
二、秦始皇坑的是这些方士；
三、这些方士竟"皆诵法孔子"，而坑方士变做了坑儒。

则侈谈神仙之方士，为五行论之诸生，在战国末年竟儒服儒号，已无可疑了。这一套的五德终始阴阳消息论，到了汉朝，更养成了最有势力的学派，流行之普遍，竟在儒老之上。有时附儒，如儒之齐学，礼记中月令及他篇中羼人之阴阳论皆是其出产品；有时混道，如《淮南鸿烈》书中不少此例，《管子》书中也一样。他虽然不能公然地争孔老之席，而暗中在汉武时，已把儒家换羽移宫，如董仲舒、刘向、刘歆、王莽等，都是以阴阳学为骨干者。五行阴阳本是一种神道学（Theology）或曰玄学（Metaphyiscs），见诸行事则成迷信。

五行论在中国造毒极大，一切信仰及方技都受他影响。但我们现在也不用笑他了，十九世纪总不是一个顶迷信的时代罢？德儒海格尔以其心学之言盈天下，三四十年前，几乎统一了欧美大学之哲学讲席。但这位大玄学家发轫的一篇著作是用各种的理性证据——就是五德终始一流的——去断定太阳系行星只能有七,不能有六,不能有八。然他这本大著出版未一年,海王星之发现宣布了!至于辨式Dialektik,还不是近代的阴阳论吗?至若我们只瞧不起我们二千年前的同国人,未免太宽于数十年前的德国哲学家了。

丙、托于管晏的政论 管晏政论在我们现在及见的战国书中并无记之者(《吕览》只有引管子言行处,没有可以证明其为引今见《管书子处》),但《淮南》《史记》均详记之。我对于《管子》书试作的设定是:《管子》书是由战国晚年汉初年的齐人杂著拼合起来的。晏子书也不是晏子时代的东西,也是战国末汉初的齐人著作。此义在下文《殊方之治术》一篇及下一章《战国子家书成分分析》中论之。

丁、齐儒学 这本是一个汉代学术史的题目,不在战国时期之内,但若此地不提明此事,将不能认清齐国对战国所酝酿汉代所造成之文化的贡献,故略说几句。儒者的正统在战国初汉均在鲁国,但齐国自有他的儒学,骨子里只是阴阳五行,又合着一些放言侈论。这个齐学在汉初的势力很大,武帝时竟夺鲁国之席而为儒学之最盛者,政治上最得意的公孙弘,思想上最开风气的董仲舒,都属于齐学一派;公羊氏春秋,齐诗,田氏易,伏氏书,都是太常博士中最显之学。鲁学小言詹詹,齐学大言炎炎了。现在我们在西汉之残文遗籍中,还可以看出这个分别。

戊、齐文辞 战国文辞,齐楚最盛,各有其他的地方色彩,此事待后一篇中论之（"论战国杂诗体"一章中）。

鲁 鲁是西周初年周在东方文明故域中开辟一个殖民地。西周之故域既亡于戎，南国又亡于楚，而"周礼尽在鲁矣"。鲁国人揖让之礼甚讲究，而行事甚乖戾（太史公语），于是拿诗书礼乐做法宝的儒家出自鲁国，是再自然没有的事情。盖人文既高，仪节尤备，文书所存独多，又是个二等的国家，虽想好功矜伐而不能。故齐楚之富，秦晋之强，有时很是为师，儒之学发展之阻力，若鲁则恰成发展这一行的最好环境。

"儒是鲁学"这句话，大约没有疑问罢？且儒学一由鲁国散到别处便马上变样子。孔门弟子中最特别的是"堂堂乎张"，和不仕而侠之漆雕开，这两个人后来皆成显学。然上两个人是陈人，下两个人是蔡人。孔门中又有个子游，他的后学颇有接近老学的嫌疑，又不是鲁人（吴人）。宰我不知何许人，子贡是术人，本然都不是鲁国愿儒的样子，也就物以类聚跑到齐国，一个得意，一个被杀了。这都是我们清清楚楚的认识出地方环境之限制人。墨子鲁人（孙诒让等均如此考定），习孔子之书，业儒者之业（《淮南要略》），然他的个性及主张，绝对不是适应于鲁国环境的，他自己虽然应当是鲁国及儒者之环境逼出来的一个造反者，但他总要到外方去行道，所以他自己的行迹，便也在以愚著闻的宋人国中多了。

宋 宋也是一个文化极高的国家，且历史的绵远没有一个可以同他比；前边有几百年的殷代，后来又和八百年之周差不多同长久。当桓襄之盛，大有殷商中兴之势，直到亡国还要称霸一回。齐人之夸，鲁人之拘，宋人之愚，在战国都极著名。诸子谈到愚人每每是宋人，如《庄子》"宋人资章甫而适诸越，越人断发文身，无所用之"；《孟子》"宋人有闵其苗之不长而揠之者"；《韩非子》宋人守株待兔。此等例不胜其举，而韩非子尤其谈到愚人便说是宋人。大约宋人富于宗教性，心术质直，文化既古且高，民俗却还淳朴，所以学者倍出，思想疏通致远、而不流于浮华。墨家以宋为重镇，自是很自然的事情。

三晋及周郑 晋国在原来本不是一个重文贵儒提倡学术的国家，"晋所以伯，师武臣之力也"。但晋国接近周郑，周郑在周既东之后，虽然国家衰弱，终是一个文化中心，所以晋国在文化上受周郑的影响多（《左传》中不少此例）。待晋分为三之后，并不保存早年单纯军国的样子了，赵之邯郸且与齐之临淄争奢侈，韩魏地当中原，尤其出来了很多学者，上继东周之绪，下开名法诸家之盛，这一带地方出来的学者，大略如下：

太史儋著所谓《老子》五千言（考详后）。关尹不知何许人，然既为周秦界上之关尹，则亦此一带之人。

申不害韩非刑名学者。管晏申韩各书皆谈治道者，而齐晋两派绝异。

惠施邓析公孙龙皆以名理为术之辩士。据《荀子》，惠施邓析一流人；据《汉志》，则今本邓析子乃申韩一派。

魏牟放纵论者。

慎到稷下辩士。今存《慎子》不可考其由来，但《庄子》中《齐物论》一篇为慎到著十二论之一，说后详。

南国 "南国"和"楚"两个名辞断不混的。"南国"包陈蔡许邓息申一带楚北夏南之地，其地在西周晚季文物殷盛（详说《论周颂篇》），在春秋时已经好多部分入楚，在战国时全入楚境之内了。现在论列战国事自然要把南国这个名词放宽些，以括楚吴新兴之人众。但我们终不要忘楚之人文是受自上文所举固有之南国的。胜国之人文，新族之朝气，混合起来，自然可出些异样的东西。现在我们所可见自春秋末年这一带地方思想的风气，大略有下列几个头绪：

厌世达观者如孔子适陈蔡一带所遇之接舆、长沮、桀溺、荷蓧丈人等。

独行之士许行等。

这一带地方又是墨家的一个重镇，且这一带的墨学者在后来以偏于名辩著闻。

果下文所证所谓苦县之老子为老莱子，则此一闻人亦是此区域之人。

秦国 秦国若干风气似晋之初年，并无学术思想可言，不知《商君书》一件东西是秦国自生的政论，如管晏政论之为齐学一样？或者是六国人代拟的呢？

中国之由分立进为一统，在政治上固由秦国之战功，然在文化上则全是另一个局面，大约说来如下：

齐以宗教及玄学统一中国（汉武帝时始成就）。

鲁以伦理及礼制统一中国（汉武帝时始成就）。

三晋一带以官术统一中国（秦汉皆申韩者）。

战国之乱，激出些独行的思想家；战国之侈，培养了些作清谈的清客。但其中能在后世普及者，只有上列几项。

附：《齐物论》《非十二子》

《齐物论》

南郭子綦隐机而坐，仰天而嘘，荅焉似丧其耦。颜成子游立侍乎前，曰："何居乎？形固可使如槁木，而心固可使如死灰乎？今之隐机者，非昔之隐机者也。"子綦曰："偃，不亦善乎，而问之也？今者吾丧我，汝知之乎？女闻人籁，而未闻地籁，女闻地籁而未闻天籁夫！"

子游曰："敢问其方。"子綦曰："夫大块噫气，其名为风，是唯无作，作则万窍怒呺，而独不闻之乎？山林之畏佳，大木百围之窍穴，似鼻，似口，似耳，似枅，似圈，似臼，似洼者，似污者。激者，謞者，叱者，吸者，叫者，譹者，宎者，咬者，前者唱于而随者唱喁。泠风则小和，飘风则大和，厉风济则众窍为虚。而独不见之调调之刁刁乎？"

子游曰："地籁则众窍是已，人籁则比竹是已，敢问天籁。"子綦曰："夫吹万不同，而使其自己也，咸其自取，怒者其谁邪？"

大知闲闲，小知间间；大言炎炎，小言詹詹。其寐也魂交，其觉也形开；与接为构，日以心斗：缦者，窖者，密者。小恐惴惴，大恐缦缦。其发若机栝，其司是非之谓也；其留如诅盟，其守胜之谓也。其杀若秋冬，以言其日消也；其溺之所为之，不可使复之也；其厌也如缄，以言其老洫也；近死之心，莫使复阳也。喜怒哀乐，虑叹变，姚佚启态。乐出虚，蒸成菌。日夜相代乎前，而莫知其所萌。已乎，已乎！旦暮得此，其所由以生乎！

非彼无我，非我无所取。是亦近矣，而不知其所为使。若有真宰，而特不得其眹，可行已信，而不见其形，有情而无形。百骸、九窍、六藏，赅而存焉，吾谁与为亲？汝皆说之乎？其有私焉？如是皆有为臣妾乎？其臣妾不足以相治乎？其递相为君臣乎？其有真君存焉？如求得其情与不得，无益损乎其真。一受其成形，不亡以待尽。与物相刃相靡，其行尽如驰，而莫之能止，不亦悲乎！终身役役而不见其成功，苶然疲役而不知其所归，可不哀邪！人谓之不死，奚益！其形化，其心与之然，可不谓大哀乎？人之生也，固若是芒乎？其我独芒，而人亦有不芒者乎？

夫随其成心而师之，谁独且无师乎？奚必知代而心自取者有之？愚者与有焉。未成乎心而有是非，是今日适越而昔至也。是以无有为有。无有为有，虽有神禹且不能知，吾独且奈何哉！

夫言非吹也。言者有言，其所言者特未定也。果有言邪？其未尝有言邪？其以为异于鷇音，亦有辩乎？其无辩乎？

道恶乎隐而有真伪？言恶乎隐而有是非？道恶乎往而不存？言

恶乎存而不可？道隐于小成，言隐于荣华。故有儒墨之是非，以是其所非而非其所是。欲是其所非而非其所是，则莫若以明。

物无非彼，物无非是。自彼则不见，自知则知之。故曰：彼出于是，是亦因彼。彼是，方生之说也。虽然，方生方死，方死方生；方可方不可，方不可方可；因是因非，因非因是。是以圣人不由而照之于天，亦因是也。是亦彼也，彼亦是也。彼亦一是非，此亦一是非。果且有彼是乎哉？果且无彼是乎哉？彼是莫得其偶，谓之道枢。枢始得其环中，以应无穷。是亦一无穷，非亦一无穷也。故曰：莫若以明。

以指喻指之非指，不若以非指喻指之非指也；以马喻马之非马，不若以非马喻马之非马也。天地一指也，万物一马也。

可乎可，不可乎不可。道行之而成，物谓之而然。恶乎然？然于然。恶乎不然？不然于不然。恶乎可？可于可。恶乎不可？不可于不可。物固有所然，物固有所可；无物不然，无物不可。故为是举莛与楹、厉与西施、恢诡谲怪，道通为一。

其分也，成也；其成也，毁也。凡物无成与毁，复通为一。唯达者知通为一，为是不用而寓诸庸。庸也者，用也；用也者，通也；通也者，得也；适得而几矣。因是已，已而不知其然，谓之道。劳神明为一而不知其同也，谓之朝三。何谓朝三？狙公赋芧曰："朝三而暮四。"众狙皆怒。曰："然则朝四而暮三。"众狙皆悦。名实未亏而喜怒为用，亦因是也。是以圣人和之以是非而休乎天钧，是之谓两行。

古之人，其知有所至矣。恶乎至？有以为未始有物者，至矣，尽矣，不可以加矣。其次以为有物矣，而未始有封也。其次以为有封焉，而未始有是非也。是非之彰也，道之所以亏也。道之所以亏，爱之所以成。果且有成与亏乎哉？果且无成与亏乎哉？有成与亏，故昭氏之鼓琴也。无成与亏，故昭氏之不鼓琴也。昭文之鼓琴也，师旷之枝策也，惠子之据梧也，三子之知几乎！皆其盛者也，故载之末年。唯其好之也，以异于彼；其好之也，欲以明之。彼非所明而明之，故以坚白之昧终。而其子又以文之纶终，终身无成。若是而可谓成乎？虽我亦成也。若是而不可谓成乎？物与我无成也。是故滑疑之耀，圣人之所图也。为是不用而寓诸庸，此之谓以明。

今且有言于此，不知其与是类乎？其与是不类乎？类与不类，相与为类，则与彼无以异矣。虽然，请尝言之。有始也者，有未始有始也者，有未始有夫未始有始也者。有有也者，有无也者，有未始有无也者，有未始有夫未始有无也者。俄而有无矣，而未知有无之果孰有孰无也。今我则已有谓矣，而未知吾所谓之其果有谓乎，其果无谓乎？

夫天下莫大于秋毫之末，而大山为小；莫寿于殇子，而彭祖为夭。天地与我并生，而万物与我为一。既已为一矣，且得有言乎？既已谓之一矣，且得无言乎？一与言为二，二与一为三。自此以往，巧历不能得，而况其凡乎！故自无适有以至于三，而况自有适有乎！无适焉，因是已。

夫道未始有封，言未始有常，为是而有畛也。请言其畛：有左有右,有伦有义,有分有辩,有竞有争,此之谓八德,六合之外,圣人存而不论;六合之内,圣人论而不议。春秋经世先王之志,圣人议而不辩。故分也者,有不分也;辩也者,有不辩也。曰:何也?圣人怀之,众人辩之以相示也。故曰辩也者有不见也。

夫大道不称,大辩不言,大仁不仁,不廉不嗛,不勇不忮。道昭而不道,言辩而不及,仁常而不成,廉清而不信,勇忮而不成。五者圆而几向方矣。故知止其所不知,至矣。孰知不言之辩、不道之道?若有能知,此之谓天府。注焉而不满,酌焉而不竭,而不知其所由来,此之谓葆光。

故昔者尧问于舜曰:"我欲伐宗、脍、胥敖,南面而不释然,其故何也?"舜曰:"夫三子者,犹存乎蓬艾之间。若不释然,何哉?昔者十日并出,万物皆照,而况德之进乎日者乎!"

啮缺问乎王倪曰:"子知物之所同是乎?"曰:"吾恶乎知之!""子知子之所不知邪?"曰:"吾恶乎知之!""然则物无知邪?"曰:"吾恶乎知之!虽然,尝试言之。庸讵知吾所谓知之非不知邪?庸讵知吾所谓不知之非知邪?且吾尝试问乎女:民湿寝则腰疾偏死,鳅然乎哉?木处则惴栗恂惧,猨猴然乎哉?三者孰知正处?民食刍豢,麋鹿食荐,蝍蛆甘带,鸱鸦耆鼠,四者孰知正味?猨猵狙以为雌,麋与鹿交,鳅与鱼游。毛嫱丽姬,人之所美也,鱼见之深入,鸟见之高飞,麋鹿见之决骤。四者孰知天下之正色哉?自我观之,仁义之端,是非之涂,樊然淆乱,吾恶能知其辩!"

啮缺曰:"子不知利害,则至人固不知利害乎?"王倪曰:"至人神矣！大泽焚而不能热，河汉冱而不能寒，疾雷破山飘风振海而不能惊。若然者，乘云气，骑日月，而游乎四海之外。死生无变于己，而况利害之端乎！"

瞿鹊子问乎长梧子曰："吾闻诸夫子，圣人不从事于务，不就利；不违害，不喜求，不缘道；无谓有谓，有谓无谓，而游乎尘垢之外。夫子以为孟浪之言，而我以为妙道之行也。吾子以为奚若？"

长梧子曰："是黄帝之所听荧也，而丘也何足以知之！且女亦大早计，见卵而求时夜，见弹而求鸮炙。予尝为女妄言之，女以妄听之。奚旁日月，挟宇宙？为其脗合，置其滑涽，以隶相尊。众人役役，圣人愚芚，参万岁而一成纯。万物尽然，而以是相蕴。

"予恶乎知说生之非惑邪！予恶乎知恶死之非弱丧而不知归者邪！丽之姬，艾封人之子也。晋国之始得之也，涕泣沾襟，及其至于王所，与王同筐床，食刍豢，而后悔其泣也。予恶乎知夫死者不悔其始之蕲生乎！梦饮酒者，旦而哭泣；梦哭泣者，旦而田猎。方其梦也，不知其梦也。梦之中又占其梦焉，觉而后知其梦也。且有大觉而后知此其大梦也，而愚者自以为觉，窃窃然知之。君乎、牧乎，固哉！丘也与女，皆梦也；予谓女梦，亦梦也。是其言也，其名为吊诡。万世之后而一遇大圣，知其解者，是旦暮遇之也！

"既使我与若辩矣，若胜我，我不若胜，若果是也，我果非也邪？我胜若，若不吾胜，我果是也，而果非也邪？其或是也，其或非也邪？其俱是也，其俱非也邪？我与若不能相知也，则人固受其黮暗，吾谁使正之？使同乎若者正之？既与若同矣，恶能正之！使同乎我者正之？既同乎我矣，恶能正之！使异乎我与若者正之？既异乎我与若矣，恶能正之！使同乎我与若者正之？既同乎我与若矣，恶能正之！然则我与若与人，俱不能相知也，而待彼也邪？化声之相待，若其不相待，和之以天倪，因之以曼衍，所以穷年也。

何谓和之以天倪？曰："是不是，然不然。是若果是也，则是之异乎不是也亦无辩；然若果然也，则然之异乎不然也亦无辩。忘年忘义，振于无竟，故寓诸无竟。"

罔两问景曰："曩子行，今子止；曩子坐，今子起。何其无特操与？"景曰："吾有待而然者邪？吾所待又有待而然者邪？吾待蛇蚹蜩翼邪？恶识所以然？恶识所以不然？"

昔者庄周梦为胡蝶，栩栩然胡蝶也，自喻适志与！不知周也。俄然觉，则蘧蘧然周也。不知周之梦为胡蝶与，胡蝶之梦为周与？周与胡蝶，则必有分矣。此之谓物化。

《非十二子》

假今之世，饰邪说，文奸言，以枭乱天下，矞宇嵬琐，使天下混然不知是非治乱之所在者，有人矣。

纵情性，安恣睢，禽兽行，不足以合文通治；然而其持之有故，其言之成理，足以欺惑愚众；是它嚣、魏牟也。

忍情性，綦溪利跂，苟以分异人为高，不足以合大众，明大分；然而其持之有故，其言之成理，足以欺惑愚众，是陈仲、史鰌也。

不知壹天下、建国家之权称，上功用、大俭约，而僈差等，曾不足以容辨异、县君臣；然而其持之有故，其言之成理，足以欺惑愚众，是墨翟、宋钘也。

尚法而无法，下修而好作，上则取听于上，下则取从于俗，终日言成文典，反纠察之，则倜然无所归宿，不可以经国定分；然而其持之有故，其言之成理，足以欺惑愚众，是慎到、田骈也。

不法先王，不是礼义，而好治怪说，玩琦辞，甚察而不惠，辩而无用，多事而寡功，不可以为治纲纪；然而其持之有故，其言之成理，足以欺惑愚众，是惠施、邓析也。

略法先王而不知其统，然而犹材剧志大，闻见杂博。案往旧造说，谓之五行，甚僻违而无类，幽隐而无说，闭约而无解。案饰其辞而祗敬之曰：此真先君子之言也。子思唱之，孟轲和之，世俗之沟犹瞀儒，嚾嚾然不知其所非也，遂受而传之，以为仲尼、子游为兹厚于后世，是则子思、孟轲之罪也。

若夫总方略，齐言行，壹统类，而群天下之英杰，而告之以大古，教之至顺，奥窔之间，簟席之上，敛然圣王之文章具焉，佛然平世之俗起焉，则六说者不能入也，十二子者不能亲也，无置锥之地而王公不能与之争名，在一大夫之位则一君不能独畜，一国不能独容，成名况乎诸侯，莫不愿以为臣，是圣人之不得势者也，仲尼、子弓是也。

一天下，财万物，长养人民，兼利天下，通达之属，莫不从服，六说者立息，十二子者迁化，则圣人之得势者，舜、禹是也。

今夫仁人也，将何务哉？上则法舜、禹之制，下则法仲尼、子弓之义，以务息十二子之说。如是则天下之害除，仁人之事毕，圣王之迹著矣。

信信，信也；疑疑，亦信也。贵贤，仁也；贱不肖，亦仁也。言而当，知也；默而当，亦知也。故知默犹知言也。故多言而类，圣人也；少言而法，君子也；多言无法而流湎然，虽辩，小人也。故劳力而不当民务，谓之奸事；劳知而不律先王，谓之奸心；辩说譬谕、齐给便利而不顺礼义，谓之奸说。此三奸者，圣王之所禁也。知而险，贼而神，为诈而巧，言无用而辩，辩不急而察，治之大殃也。行辟而坚，饰非而好，玩奸而泽，言辩而逆，古之大禁也。知而无法，勇而无惮，察辩而操僻，淫大而用乏，好奸而与众，利足而迷，负石而坠，是天下之所弃也。

兼服天下之心：高上尊贵不以骄人，聪明圣知不以穷人，齐给速通不争先人，刚毅勇敢不以伤人；不知则问，不能则学，虽能必让，然后为德。遇君则修臣下之义，遇乡则修长幼之义，遇长则修子弟之义，遇友则修礼节辞让之义，遇贱而少者则修告导宽容之义。无不爱也，无不敬也，无与人争也，恢然如天地之苞万物，如是则贤者贵之，不肖者亲之。如是而不服者，则可谓讹怪狡猾之人矣，虽则子弟之中，刑及之而宜。《诗》云："匪上帝不时，殷不用旧。虽无老成人，尚有典刑。曾是莫听，大命以倾。"此之谓也。

古之所谓仕士者,厚敦者也,合群者也,乐富贵者也,乐分施者也,远罪过者也,务事理者也,羞独富者也。今之所谓仕士者,污漫者也,贼乱者也,恣睢者也,贪利者也,触抵者也,无礼义而唯权势之嗜者也。古之所谓处士者,德盛者也,能静者也,修正者也,知命者也,箸是者也。今之所谓处士者,无能而云能者也,无知而云知者也,利心无足而佯无欲者也,行伪险秽而强高言谨悫者也,以不俗为俗,离纵而跂訾者也。

士君子之所能不能为:君子能为可贵,不能使人必贵己;能为可信,而不能使人必信己;能为可用,而不能使人必用己。故君子耻不修,不耻见污;耻不信,不耻不见信;耻不能,不耻不见用。是以不诱于誉,不恐于诽,率道而行,端然正己,不为物倾侧,夫是之谓诚君子。《诗》云:"温温恭人,维德之基。"此之谓也。

士君子之容:其冠进,其衣逢,其容良,俨然,壮然,祺然,蕼然,恢恢然,广广然,昭昭然,荡荡然,是父兄之容也。其冠进,其衣逢,其容悫,俭然,恀然,辅然,端然,訾然,洞然,缀缀然,瞀瞀然,是子弟之容也。

吾语汝学者之嵬容,其冠绲,其缨禁缓,其容简连;填填然,狄狄然,莫莫然,瞡瞡然;瞿瞿然,尽尽然,盰盰然;酒食声色之中则瞒瞒然,瞑瞑然;礼节之中则疾疾然,訾訾然;劳苦事业之中则儢儢然,离离然,偷儒而罔,无廉耻而忍謏诟,是学者之嵬也。

弟佗其冠,神禫其辞,禹行而舜趋,是子张氏之贱儒也。正其衣冠,齐其颜色,嗛然而终日不言,是子夏氏之贱儒也。偷儒惮事,无廉耻而耆饮食,必曰"君子固不用力",是子游氏之贱儒也。

彼君子则不然。佚而不惰,劳而不侵,宗原应变,曲得其宜,如是,然后圣人也。

春秋时代之矛盾性与孔子

春秋时代之为矛盾时代,是中国史中最明显之事实。盖前此之西周与后此之战国全为两个不同之世界,则介其间者二三百年之必为转变时期,虽无记载,亦可推想知之。况春秋时代记载之有涉政治社会者,较战国转为充富,《左传》一书,虽编定不出于当时,而取材实为春秋列国之语献,其书诚春秋时代之绝好证物也。(《左传》今日所见之面目自有后人成分在内,然其内容之绝大部分必是战国初年所编,说别详。)春秋时代既为转变时代,自必为矛盾时代,凡转变时代皆矛盾时代也。

春秋时代之为矛盾,征之于《左传》《国语》者,无往不然,自政治以及社会,自宗教以及思想,弥漫皆是。其不与本文相涉者,不具述,述当时天人论中之矛盾。

春秋时代之天道观,在正统派自仍保持大量之神权性,又以其在周诰后数百年,自亦必有充分之人定论。试看《左氏》《国语》,

几为鬼神灾祥占梦所充满，读者恍如置身殷商之际。彼自言"国之大事在祀与戎"，则正是殷商卜辞之内容也。此诚汪容甫所谓其失也巫矣。然亦偶记与此一般风气极端相反之说，其说固当时之新语，亦必为《左氏》《国语》作者所认为嘉话者也。举例如下：

季梁……对曰："夫民神之主也。"（桓六）

〔宫之奇〕对曰："……如是，则非德民不和，神不享矣。神所凭依，将在德矣。"（僖五）及惠公在秦，曰："先君若从史苏之占，吾不及此夫。"韩简侍曰："……先君之败德，其可数乎？史苏是占，勿从何益？"（僖十五）

〔周内史叔兴父〕对曰："……是阴阳之事，非吉凶所生也。吉凶由人。"（僖十六）

邾文公卜迁于绎。史曰："利于民而不利于君。"邾子曰："苟利于民，孤之利也。天生民而树之以君，以利之也。民既利矣，孤必与焉。"左右曰："命可长也，君何弗为？"邾子曰："命在养民。死之短长，时也。民苟利矣，迁也，吉莫如之！"遂迁于绎。五月，邾文公卒。君子曰"知命"。（文十三）

晋侯问于士弱曰："吾闻之，宋灾，于是乎知有天道，何故？"对曰："……商人阅其祸败之衅，必始于火，是以日知其有天道也。"公曰："可必乎？"对曰："在道，国乱无象，不可知也。"（襄九）

楚师伐郑……〔晋〕董叔曰："天道多在西北，南师不时，必无功。"叔向曰:"在其君之德也。"(襄十九)有星孛于大辰。……郑裨灶言于子产曰:"宋卫陈郑将同日火。若我用瓘斝玉瓒,郑必不火。"子产弗与。……戊寅、风甚,壬午、大甚。宋、卫、陈、郑皆火。……裨灶曰:"不用吾言,郑又将火。"郑人请用之,子产不可。子大叔曰:"实以保民也。若有火。国几亡。可以救亡,子何爱焉?"子产曰:"天道远,人道迩,非所及也,何以知之?灶焉知天道?是亦多言矣。岂不或信?"遂不与,亦不复火。(昭十七至十八)

此中所论固与周召之诰一线相承,然其断然抹杀占梦所示,及当时之天道论,实比托词吉卜之大诰犹为更进一步。此等新说固与时人之一般行事不合,《左传》自身即足证明之矣。

春秋时代之人论,在一般人仍是依族类而生差别之说。《左氏》书既引史佚"非我族类其心必异"之语,又假郑小驷以喻之,以种言,则别夷狄华夏(富辰语,见僖二十四),以等言,则辨君子小人(阴饴甥语,见僖十五)。然"斯民同类"之意识,亦时时流露,既称晋文听舆人之诵,复美曹沫鄙肉食之言,对于庶民之观念已非如往昔之但以为"氓之蚩蚩"也。且其时族类间之界垒已不甚严:"虽楚有才,晋实用之。"绛登狐氏,秦用由余。其于吴也,固贱其为断发之荆蛮,亦奉之为姬姓之长宗。其于秦也,犹未如魏邦既建田氏篡齐之时以夷狄遇之也。再就阶级言之。周诰之词,固已认人事胜天定,犹绝无君侯之设乃为庶民服务之说,然此说在《左传》

则有之。师旷曰："天之爱民甚矣，岂其使一人肆于民上？"宫之奇曰："夫民，神之主也，是以圣王先成民而后致力于神。"邾文公曰："命在养民。"由此前进一步，便是孟子民贵君轻之谈，其间可无任何过渡阶级矣。

括而言之，春秋时代，神鬼天道犹颇为人事之主宰，而纯正的人道论亦崭然出头。人之生也，犹辨夷夏之种类，上下之差别，而斯民同类说亦勃然以兴。此其所以为矛盾时代。生此时代之思想家，如不全仍旧贯，或全作新说，自必以调和为途径，所谓集大成者，即调和之别名也。

孔子

孔子一生大致当春秋最后三分之一，则春秋时代之政治社会变动自必反映于孔子思想之中。孔子生平无著述（作《春秋》赞《周易》之说，皆不可信。），其言语行事在后世杂说百出，今日大体可持为据者，仅《论语》《檀弓》两书耳。《檀弓》所记多属于宗教范围，故今日测探孔子之天人论应但以《论语》为证矣。试绎《论语》之义，诚觉孔子之于天人论在春秋时代为进步论者，其言与上文所引《左传》所载之新说嘉话相同，而其保持正统遗训亦极有力量。然则孔子并非特异之学派，而是春秋晚规开明进步论者之最大代表耳。孔子之宗教以商为统，孔子之政治以周为宗。以周为宗，故曰："如有用我者，吾其为东周乎。"其所谓"为东周"者，正以齐桓管仲为其具体典范。故如为孔子之政治论作一名号，应曰霸道，特此所谓霸道远非孟子所界说者耳。

孔子之言性与天道，一如其政治论之为过渡的，转变的。《论语》记孔子言性与天道者不详，此似非《论语》取材有所简略，盖孔子实不详言也。子夏曰："夫子之文章可得而闻也，夫子之言性与天道不可得而闻也已。"（据倭本增"已"字）《论语》又曰，"子罕言利，与命，与仁。"（宋儒或以为与命与仁之与字应作动字解，犹言许命许仁也。此说文法上实不可通。与之为连续词毫无可疑。晋语言，"杀晋君，与逐出之，与以归之，与复之，孰利？"此同时书中语法可征者也）今统计《论语》诸章，诚哉其罕言，然亦非全不言也。列举如下：

子曰："……五十而知天命。"（为政）

子曰："不知命无以为君子也。"（尧曰）

子曰："君子有三畏，畏天命，畏大人，畏圣人之言。小人不知天命而不畏也，狎大人，侮圣人之言。"（季氏）

子曰："道之将行也与，命也。道之将废也与，命也。公伯寮其如命何？"（宪问）

子曰："天生德于予，桓魋其如予何？"（述而）子畏于匡，曰，"文王既殁，文不在兹乎？天之将丧斯文也，后死者

不得于斯文也。天之未丧斯文也,匡人其如予何?"(子罕)

子曰:"凤鸟不至,河不出图,吾已矣夫!"(子罕)

颜渊死,子曰:"噫,天丧予,天丧予!"(先进)

伯牛有疾,子问之,自牖执其手,曰:"亡之,命也夫,斯人也而有斯疾也,斯人也而有斯疾也!"(雍也)

子疾病,子路请祷,子曰:"有诸?"子路对曰,"有之。诔曰,'祷尔于上下神祇。'"

子曰:"丘之祷久矣。"(述而)

子夏曰:"商闻之矣(此当是闻之孔子,故并引),'死生有命,富贵在天。'"(颜渊)

子曰:"莫我知也夫!"子贡曰,"何为其莫知子也?"

子曰:"不怨天,不尤人,下学而上达,知我者,其天乎?"(宪问)

子曰:"予欲无言。"子贡曰,"子如不言,则小子何述焉?"子曰,"天何言哉?四时行焉,百物生焉。天何言哉?"(阳货)

子不语怪,力,乱,神。(述而)

理会以上所引,知孔子之天道观有三事可得言者:

其一事曰,孔子之天命观念,一如西周之传说,春秋之世俗,非有新界说在其中也。孔子所谓天命,指天之意志,决定人事之成败吉凶祸福者,其命定论之彩色不少。方其壮年,以为天生德于予,庶几其为东周也，及岁过中年，所如辄不合，乃深感天下事有不可以人力必成者，乃以知天命为君子之德。颜回司马牛早世，则归之于命，公伯寮桓魋见谋，则归之于命，凤鸟不至，而西狩获麟，遂叹道之穷矣。在后人名之曰时，曰会合，在今人名之曰机会者，在孔时尚不用此等自然名词，仍本之传统，名之曰天命。孔子之所谓天命，正与金文《周诰》之"天令"（或作天命）为同一名词，虽彼重言命之降，此重言命之不降，其所指固一物，即吉凶祸福成败也。

其二事曰，孔子之言天道，虽命定论之彩色不少，要非完全之命定论，而为命定论与命正论之调合。故曰"一日克己复礼，天下归仁焉"，又曰"知我者其天乎！"夫得失不系乎善恶而天命为前定者，极端命定论之说也，善则必得天眷，不善则必遭天殃，极端命正论之说也。后说孔子以为盖不尽信，前说孔子以为盖无可取，其归宿必至于俟命论。所谓俟命论者，谓修德以俟天命也。凡事求其在我，而不责其成败于天，故曰"不怨天"，尽人事而听天命焉，故曰"丘之祷久矣"。此义孟子发挥之甚为明切，其辞曰"修身以俟之"，又曰"顺受其正"，又曰"尽其道而死者正命也"。此为儒家天人论之核心，阮芸台言之已详，今不具论。

其三事曰，孔子之言天道，盖在若隐若显之间，故罕言之，若有所避焉，此与孔子之宗教立场相应，正是脱离宗教之道德论之初步也。夫罕言天道，是《论语》所记，子贡所叹。或问禘之说，孔子应之曰，"不知也，知其说则于天下犹运之掌。"是其于天也，犹极虔敬而尊崇，盖以天道为礼之本，政事为礼之用。然而不愿谆谆言之者，言之详则有时失之诬，言之详则人事之分量微，此皆孔子所不欲也。与其详言而事实无征，何如虔敬以寄托心志，故孔子之不详言，不可归之记录有关，实有意如此耳。子不语"怪，力，乱，神"，然而"祭如在，祭神如神在"。又曰"吾不与祭，如不祭"。其宗教之立场如此，其道德论之立场亦复一贯。孔子之道德观念，其最前假定仍为天道，并非自然论，亦未纯是全神论（Pantheism），惟孔子并不盘桓于宗教思想中，虽默然奉天以为大本，其详言之者，乃在他事不在此也。

如上所言，其第一事为古昔之达名，其二三两事亦当时贤智之通识，孔子诚是春秋时代之人，至少在天道论上未有以超越时代也。在彼时取此立场固可得暂时之和谐，然此立场果能稳定乎？时代既已急转，思想主宰既已动摇，一发之势不可复遏，则此半路之立场非可止之地。故墨子对此施其攻击，言天之明明，言命之昧昧，而孟子亦在儒家路线上更进一步，舍默尔而息之态，为深切著明之辞。孔子能将春秋时代之矛盾成一调和、却不能使此调和固定也。

孔子之天论立于中途之上，孔子之人论亦复如是。古者以为人生而异，族类不同而异，等差不同而异，是为特别论之人性说，后世之孟子以为人心有其同然，圣人先得人心之同然者也，是为普遍论之人性说，孔子则介乎二者之间。今引《论语》中孔子论人之生质诸事。

子曰："性相近也，习相远也。"（阳货）

子曰："惟上智与下愚不移。"（阳货）

子曰,"中人以上可以语上也，中人以下不可以语上也。"（雍也）

孔子曰："生而知之者上也，学而知之者次也，困而学之又其次也，困而不学，民斯为下矣。"（季氏）

子曰："民可使由之，不可使知之。"（泰伯）

子曰："惟女子与小人为难养也。近之则不逊，远之则怨。"（阳货）

孔子以为人之生也相近，因习染而相远，足征其走上普遍论的人性说已远矣，然犹未至其极也。故设上智下愚之例外，生而知，学而知，困而学之等差，犹以为氓氓众生，所生之凭借下，不足以语于智慧，女子小人未有中上之素修，乃为难养，此其与孟子之性善论迥不侔矣。

在人论上，遵孔子之道路以演进者，是荀卿而非孟子。孔子以为人之生也，大体不远，而等差亦见，故必济之以学，然后归于一路。孔子认为尽人皆须有此外工夫，否则虽有良才，无以成器，虽颜回亦不是例外，故以克己复礼教之。此决非如孟子所谓"万物皆备于我，反身而诚乐莫大焉"者也。引《论语》如下：

子曰："我非生而知之者。好古，敏以求之者也。"（述而）

子曰："……好仁不好学，其蔽也愚。好知不好学，其蔽

也荡。好信不好学,其蔽也贼。好直不好学,其蔽也绞。好勇不好学,其蔽也乱。好刚不好学,其蔽也狂。"(阳货)

孔子对曰:"有颜回者好学,不迁怒,不贰过。"(雍也)

颜渊问仁。子曰:"克己复礼为仁。一日克己复礼,天下归仁焉。为仁由己,而由人乎哉?"颜渊曰,"请问其目。"子曰,"非礼勿视,非礼勿听,非礼勿言,非礼勿动。"(颜渊)

颜渊喟然叹曰:"……夫子循循然,善诱人,博我以文,约我以礼。"(子罕)

子贡问曰:"孔文子,何以谓之文也。"子曰,"敏而好学,不耻下问,是以谓之文也。"(公冶长)

孔子以为人之生也不齐,必学而后志于道,荀子以为人之生也恶,必学而后据于德。其人论虽有中性与极端之差,其济之之术则无异矣。兹将孔孟荀三氏之人性说图以明之。

	类别	工夫
孔子材差说 {	孟子性善说	以扩充内禀成之。
		以力学济之。
	荀子性恶说	以力学矫之。

后人以尊德性、道问学分朱陆,其实此分辩颇适用于孟子荀卿,若孔子,与其谓为尊德性,勿宁谓之为道问学耳。

孔子之地位,在一切事上为承前启后者,天人论其一焉。

孟子之性善论及其性命一贯之见解

墨子亟言天志，于性则阙之，是亦有故。大凡以宗教为思想之主宰者，所隆者天也，而人为藐小，故可不论。务求脱去宗教色彩之哲学家，不得不立其大本，而人适为最便于作此大本者。此虽不可一概论，然趋向如是者多矣。墨学以宗教为本，其不作人论也，固可假设以书缺有间，然墨义原始要终，今具存其旨要，辩说所及，枝叶扶疏，独不及于人论者，绝不似天人之论失其一半，盖墨子既称天而示行，则无所用乎称人以载道也。

孟子一反墨家自儒反动之路，转向儒家之本而发展之，其立场比孔子更近于全神论及自然论，即比孔子更少宗教性。夫立于全神论，则虽称天而天实空，并于自然论，则天可归之冥冥矣。此孟子不亟言天而侈论性之故与？

孟子之言天道也，与孔子无殊，在此一界中，孟子对孔子，无所增损，此义赵岐已言之：

宋桓魋害孔子，孔子称"天生德于予"。鲁臧仓毁隔孟子，孟子曰，"臧氏之子，焉能使余不遇哉？"旨意合同，若此者众。

其谓际合成败有待于天命者如此。虽然，孔子孟子之所谓天命，非阴阳家之天命，其中虽有命定之义，亦有命正之义焉，所谓"修身以俟之"，"尽其道而死者正命也"（《尽心·上》）。此以义为命之说，自谓述之于孔子：

弥子谓子路曰："孔子主我，卫卿可得也。"子路以告。孔子曰"有命"。孔子进以礼、退以义，得之不得曰有命。而主痈疽与侍人瘠环，是无义无命也。（《万章·上》）

且以为天命之降否纵一时有其不可知者，结局则必报善人：

苟为善，后世子孙必有王者矣。君子创业乘统，为可继也。若夫成功则天也。君如彼何哉？强为善而已矣。（《梁惠王·下》）

其命正论之趋向固如是明显，然命运论之最早见于载籍者亦在《孟子》中：

天下之生久矣，一治一乱。

五百年必有王者兴，其间必有名世者。

此则微似邹衍矣。孟子固不自知其矛盾也。

今于说孟子性善论之前，先述孟子思想所发生之环境。墨翟之时，孔学鼎盛，"墨子学儒者之业，受孔子之术，以为其礼烦扰而不悦，厚葬靡财而贫民，久服伤生而害事，故背周道而用夏政。"（《淮南要略》）盖务反儒者之所为也。孟轲之时，"杨朱墨翟之言盈天下，天下之言不归杨则归墨。"孟子以为杨朱之言性（生），徒纵口耳之欲，养其一体即忘其全也，遂恶养小以失大，且以为性中有命焉。

今杨义不存，孟子言之激于杨氏而出者，不可尽知，然其激于墨氏而出者，则以墨义未亡，大体可考。墨子立万民之利以为第三表，孟子则闻利字若必洗耳然，以为此字一出乎心，其后患不可收拾。其务相反如此。墨子以为上天兼有世人，兼而食之，遂兼而爱之。孟子以为"人之于身也兼所爱，兼所爱则兼所养"，其受墨说影响之辞气又如此。此虽小节，然尤足证其影响之甚也。

若夫孔子，以为杞宋不足征，周监于二代，乃从后王之政。墨子侈言远古，不信而征，复立仪范虞夏之义，以为第一表。孟子在墨子之后，乃不能上返之于孔子，而下迁就于墨说，从而侈谈洪荒，不自知其与彼"尽信书则不如无书"之义相违也。故孟子者，在性格，在言谈，在逻辑，皆非孔子之正传，且时与《论语》之义相背，彼虽以去圣为近，愿乐孔子，实则纯是战国风习中之人，墨学磅礴后激动以出之新儒学也。

在性论上，孟子全与孔子不同，此义宋儒明知之，而非宋儒所敢明言也。孔子之人性说，以大齐为断，以中性为解，又谓必济之以学而后可以致德行，其中绝无性善论之含义，且其劝学乃如荀子。孟子舍宗教而就伦理，罕言天志而侈言人性，墨子以为仁义自天出者，孟子皆以为自人出矣。墨孟皆道德论者，道德论者，必为道德立一大本，墨子之大本，天也，孟子之大本，人也，从天志以兼爱，与夫扩充性端以为仁义，其结构同也。是则孟子之性善说，亦反墨反宗教后应有之一种道学态度矣。

当孟子时，论人生所赋之质者不一其说，则孟子之亟言性也，亦时代之所尚，特其质言性善者是其创作耳。当时告子以为"性无善无不善"，此邻于道家之说。又或以为"性可以为善，可以为不善，是故文武兴则民好善，幽厉兴则民好暴"，此似同于孔子之本说。又或以为"有性善，有性不善，是故以尧为君而有象，以瞽瞍为父而有舜"，此则孔子所指上智下愚不移之例外也（以上或说皆见《告子篇·上》）。今孟子皆非之，与孔子迥不侔矣。

《告子》性超善恶之说，以为仁义自外习成，非生之所其，欲人之仁义，必矫揉之然后可。孟子性善之说，以为仁义礼智皆出于内心，即皆生来之禀赋，故以性为善，其为恶者人为也，《孟子》书中立此义者多，引其辨析微妙者一章：

孟季子问于公都子曰："何以为义内也？"曰，"行吾敬，故谓之内也。"

"乡人长于伯兄一岁。则谁敬?"曰,"敬兄。"

"酌则谁先?"曰,"酌乡人。"

"所敬在此,所长在彼,果在外非由内也。"

公都子不能答,以告孟子。孟子曰:"敬叔父乎,敬弟乎?彼将曰敬叔父。曰,"弟为尸则谁敬?彼将曰敬弟。"子曰,"恶在其敬叔父也。"彼将曰,在位故也。子亦曰,"在位故也。庸敬在兄,斯须之敬在乡人。"

季子闻之,曰:"敬叔父则敬,敬弟则敬,果在外非由内也。"

公都子曰:"冬日则饮汤,夏日则饮水,然则饮食亦在外也。"

义者,是非之辩,所以论于行事者也,孟季子重言行事之本身,以为因外界之等差而异其义方,故认为义外,孟子重言其动机,以为虽外迹不齐,而其本自我,故认为义内。自今日视之,此等议论,皆字面之辩耳。虽然,欧洲哲学家免于字面之辩者又几人乎?

今更引孟子论性各章中最能代表其立说者之一章:

孟子曰:"乃若其情,则可以为善矣,乃所谓善也。若夫为不善,非才之罪也。"

"恻隐之心,人皆有之,羞恶之心,人皆有之,恭敬之心,人皆有之,是非之心,人皆有之。恻隐之心,仁也,羞恶之心,义也,恭敬之心,礼也,是非之心,智也。仁、义、礼、智、

非由外铄我也,我固有之也。弗思耳矣。故曰,求则得之,舍则失之,或相倍蓰而无算者,不能尽其材者也。(《告子·上》)

夫曰"可以为善",即等于说不必定为善也,其可以为善者,仁义礼智之端皆具于内,扩而充之斯善矣,其不为善者,由于不知扩充本心,外物诱之,遂陷于不义,所谓不能尽其材也。此说以善为内,以恶为外,俨然后世心学一派之说,而与李习之复性之说至近矣。孟子既以人之为善之动机具于内,乃必有良知良能论:

孟子曰:"人之所不学而能者,其良能也,所不虑而知者,其良知也。孩提之童,无不知爱其亲也,及其长也,无不知敬其兄也,亲亲,仁也,敬长,义也。无他,达之天下也。"

而此良知良能又是尽人所有者,人之生性本无不同也。

孟子曰:"富岁子弟多赖,凶岁子弟多暴,非天之降才尔殊也,其所以陷溺其心者然也。今夫麰麦,播种而耰之,其地同,树之时又同,勃然而生,至于日至之时皆熟矣。虽有不同,则地有肥硗,雨露之养,人事之不齐也。

"故凡同类者举相似也,何独至于人而疑之?圣人与我同类者。故龙子曰:'不知足而为屦,我知其不为蒉也。'屦之相似,是天下之足同也。"

"口之于味也,有同耆焉,耳之于声也,有同听焉,目之于色也,有同美焉,于心独无所同然乎?心之所同然者何也,谓理也,义也。……故义理之悦我心,犹刍豢之悦我口。"(《告子·上》)

既以为天下之人心同,又以为万物皆备于我。以为万物皆备于我,而孟子之性善论造最高峰矣。

孟子曰:"万物皆备于我矣。返身而诚,乐莫大焉。强恕而行,求仁莫近焉。"

古无真字,后世所谓真,古人所谓诚也。
至于为恶之端,孟子皆归之于外物:

孟子曰:"牛由之木尝美矣,以其郊于大国也,斧斤伐之,可以为美乎?是其日夜之所息,雨露之所润,非无萌蘖之生焉,牛羊又从而牧之,是以若彼濯濯也。人见其濯濯也,以为未尝有材焉,此岂山之性也哉?虽存乎人者,岂无仁义之心哉?其所以放其良心者,亦犹斧斤之于木也。旦旦而伐之,可以为美乎?其日夜之所息,平旦之气,其好恶与人相近也者几希。则其旦昼之所为,有梏亡之矣。梏之反覆,则其夜气不足以存。夜气不足以存,则其违禽兽不远矣。人见其禽兽也,而以为未尝有才焉者,是岂人之情也哉?故苟得其养,无物不长,苟失其义养,无物不消。孔子曰,'操则存,舍则亡,出入无时,莫知其乡。'惟心之谓与!"(《告子·上》)

孟子既以善为内,以恶为外,故其教育论在乎养心放心,而不重视力学,其言学问亦仅谓"求其放心而已矣"。此亦性善说之所必至,犹之劝学为性恶论者之所必取也。

孟子之论性如此,自必有尽心之教育说,养生之社会论,民贵之政治论,些三事似不相干,实为一贯,盖有性善之假定,三义方可树立也。不观乎《厄米尔》之作者与《民约论》之作者在欧洲亦为一人乎?

孟子之性命一贯见解

依本书上卷字篇所求索,命字之古本训为天之所令,性字之古本训为天之所生。远古之人,宗教意识超过其他意识,故以天令为谆谆然命之,复以人之生为天实主之,故天命人性二观念,在其演进之初,本属同一范域。虽其后重言宗教者或寡言人性,求摆脱宗教神力者或重言人性,似二事不为一物然,然在不全弃宗教,而又走上全神论自然论之道路之儒家,如不求其思想成一条贯则已,如一求之，必将二事作为一系，此自然之理也。孟子以前书缺不可知，孟子之将二事合为一论者今犹可征也。

孟子曰："口之于味也，目之于色也，耳之于声也，鼻之于臭也，四肢之于安佚也，性也。有命焉。君子不谓性也。"

"仁之于父子也，义之于君臣也，礼之于宾主也，知之于贤者也，圣人之于天道也，命也。有性焉，君子不谓命也。"（《尽心》）

此章明明以性命二字相对相连为言，故自始为说性理者所注意。然赵岐（《孟子注》）朱子（《孟子章句》或问语类）戴震（《孟子字义疏证》第二十八条）程瑶田（《论学小记》）诸氏所解，虽亦或有精义，究不能使人感觉怡然理顺者，则以诸氏或不解或不注意此处之性字乃生字之本训，一如告子所谓"生之为性"之性（孟子在此一句上，并不驳告之，阮氏已详言之矣），此处之命字乃天令之引申义，一如《左传》所称郏子"知命"之命，故反覆不得其解也。此一章之解，程朱较是，而赵氏戴震转误。程氏最近，又以不敢信孔孟性说之异，遂昧于宋儒分辨气质义理二性之故。兹疏此章之义如下。

孟子之亟言性善，非一人独提性之问题而谓之善，乃世人已侈谈此题，而孟子独谓之善以辟群说也。告子之说，盖亦当时流行性说之一也。其言以为"生之谓性"，孟子只可訾其无着落，不能谓此语之非是，此语固当时约定俗成之字义也。（如墨子訾儒之"乐以为乐"，谓之说等于不说则可谓之非是则不可。）故孟子之言性，亦每为生字之本训，荀子尤甚。

孟子之言命，字面固为天命，其内含则为义，为则，不尽为命定之训也。其为义者，"孔子进以礼，退以义，得之不得曰有命，而主痈疽与侍人瘠环，是无义无命也。"此虽联义与命言，亦正明其相关为一事也。其为则者，孟子引诗，"天生蒸民有物有则"，而托孔子语以释之曰，"有物必有则"。《孟子》之"物"则二解皆非本训（物之本训为大物，今所谓图腾也。则之本训为法宪，今所谓威权也，说别详），然既以为天降物与则，是谓命中有则也，故谓"尽其道而死者，正命也"。

字义既定，今疏此一章曰，口之好美味，目之好好色，耳之乐音声，鼻之恶恶臭，四肢之欲安佚，皆生而具焉者也，告子所谓"食色性也"。然此亦得之于天者。"天生烝民，有物有则，民之秉彝，好是懿德"（均从孟子所解之义）。天命固有其正则焉，故君子不徒归口、耳等于生之禀赋中，故不言"食色性也"。

仁者得以恩爱施于父子，义者得以义理施于君臣，好礼者得以礼敬施于宾主，圣者得以智慧明于天道，此固世所谓天命之正则也，然世人之能行此也，亦必由于生而有此禀，否则何所本而行此？"仁、义、礼、智，非由外铄我也，我固有之也。"故君子不取义外之说，不徒言"义自天出"（墨义），而忘其亦自人出也。

故此一章亦是孟子与墨家及告子及他人争论中之要义，而非凭空掉换字而以成玄渺之说。识性命二字之本训，合孟子他章而观之，其义至显矣。此处孟子合言性命，而示其一贯，无异乎谓性中有命，命中有性，犹言天道人道一也，内外之辨妄也。（孟子云"尽其心者，知其性也，知其性则知天矣。存其心，养其性，所以事天也。夭寿不贰，修身以俟之，所以立命也"。亦言天道人道为一物一事之义者。口之于味一章既识其义，此章可不解而明矣。）西汉博士所著之《中庸》云"天命之谓性"，盖孟子后儒家合言天人者已多，而西京儒学于此为盛焉。

古宗教立天以制人，墨子之进步的宗教，则将人所谓义者归之于天，再称天以制人。孟子之全神论的、半自然论的人本主义，复以人道解天道，而谓其为一物一则一体，儒家之思想进至此一步，人本之论成矣。

附论赵岐注

赵岐解此章，阮芸台盛称之，然赵氏释命字作命定之义，遂全不可通。赵云：

……此（口，耳等）皆人性之所欲也。得居此乐者，有命禄，人不能皆如其愿也。凡人则触情从欲而求可乐，君子之道则以仁义为先，礼节为制，不以性欲故而苟求之也。故君子不谓性也。
……皆（仁义等）命禄遭遇，乃得居而行之，不遇者不得施行。然亦才性有之，故可用也（按此语不误）。凡人则归之命禄，任天而已，不复谓性，以君子之道，则修仁、行义、修礼、学知、庶几圣人亹亹不倦，不但坐而听命。故曰君子不谓命也。
〔章指〕尊德乐道，不任佚性。治性勤礼，不专委命。君子所能，小人所病。

此真汉儒之陋说，于孟子所用性命二字全昧其义。至以性为"性欲"，且曰"治性""佚性"，岂孟子道性善者之义乎？汉儒纯以其时代的陋解解古籍，其性论之本全在性善情恶之二元论（详下卷）。而阮氏以为古训如此，门户之见存也。

附：孟子《尽心·上》

孟子曰："尽其心者，知其性也。知其性，则知天矣。存心，养其性，所以事天也。夭寿不贰，修身以俟之，所以立命也。"
孟子曰："莫非命也，顺受其正。是故知命者不立乎岩墙之下。尽道而死者，正命也；桎梏死者，非正命也。"
孟子曰："求则得之，舍则失之，是求有益于得也，求在我者也求之有道，得之有命，是求无益于得也，求在外者也。"

孟子曰："万物皆备于我矣。反身而诚，乐莫大焉。强恕而行求仁莫近焉。"

孟子曰："行之而不著焉，习矣而不察焉，终身由之而不知其道者，众也。"

孟子曰："人不可以无耻。无耻之耻，无耻矣。"

孟子曰："耻之于人大矣！为机变之巧者，无所用耻焉。不耻不若人，何若人有？"

孟子曰："古之贤王好善而忘势；古之贤士何独不然？乐则而忘人之势。故王公不致敬尽礼，则不得亟见之。见且由不得亟；而况得而臣之乎？"

孟子谓宋勾践曰："子好游乎？吾语子游：'人知之，亦嚣嚣；人不知，亦嚣嚣。'"

曰："何如斯可以嚣嚣矣？"

曰："尊德乐义，则可以嚣嚣矣。故士穷不失义，达不离道。穷不失义，故士得己焉；达不离道，故民不失望焉。古之人，得志，泽加于民；不得志，修身见于世。穷则独善其身，达则兼善天下。"

孟子曰："仁言不如仁声之入人深也，善政不如善教之得民也。善政，民畏之；善教，民爱之。善政得民财，善教得民心。"

孟子曰："人之所不学而能者，其良能也；所不虑而知者，其良知也。孩提之童无不知爱其亲者，及其长也，无不知敬其兄也。亲亲，仁也；敬长，义也。无他，达之天下也。"

孟子曰："人之有德、慧、术、知者，恒存乎疢疾。独孤臣孽子，其操心也危，其虑患也深，故达。"

孟子曰："有事君人者，事是君则为容悦者也；有安社稷臣者，以安社稷为悦者也；有天民者，达可行于天下而后行之者也；有大人者，正己而物正者也。"

孟子曰："君子有三乐，而王天下不与存焉。父母俱存，兄弟无故，一乐也；仰不愧于天，俯不怍于人，二乐也；得天下英才而教育之，三乐也。君子有三乐，而王天下不与存焉。"

孟子曰："广土众民，君子欲之，所乐不存焉；中天下而立，定四海之民，君子乐之，所性不存焉。君子所性，虽大行不加焉，虽穷居不损焉，分定故也。君子所性，仁义礼智根于心，其生色也睟然，见于面，盎于背，施于四体，四体不言而喻。"

孟子曰："易其田畴，薄其税敛，民可使富也。食之以时，用或礼，财不可胜用也。民非水火不生活，昏暮叩人之门户求水火，无弗与者，至足矣。圣人治天下，使有菽粟如水火。菽粟如水火，而民焉有不仁者乎？"

孟子曰："孔子登东山而小鲁，登泰山而小天下。故观于海者难为水，游于圣人之厂工者难为言。观水有术，必观其澜。日月有明，容光必照焉。流水之为物也，不盈科不行；君子之志于道也，不成章不达。"

孟子曰："鸡鸣而起，孳孳为善者，舜之徒也；鸡鸣而起，孳孳为利者，蹠之徒也。欲知舜与蹠之分，无他，利与善之间也。"

孟子曰："杨子取为我，拔一毛而利天下，不为也。墨子兼爱，摩顶放踵利天下，为之。子莫执中。执中为近之。执中无权，犹执一也。所恶执一者，为其贼道也，举一而废百也。"

孟子曰："饥者甘食，渴者甘饮，是未得饮食之正也，饥渴害之也。岂惟口腹有饥渴之害，人心亦皆有害。人能无以饥渴之害为心害，则不及人不为忧矣。"

孟子曰："柳下惠，不以三公易其介。"

孟子曰："尧舜，性之也；汤武，身之也；五霸，假之也。久假而不归，恶知其非有也。"

公孙丑曰："伊尹曰：'予不狎于不顺。'放大甲于桐，民大悦。大甲贤，又反之，民大悦。贤者之为人臣也，其君不贤，则固可放与？"孟子曰："有伊尹之志则可，无伊尹之志，则篡也。"

公孙丑曰："诗曰：'不素餐兮。'君子之不耕而食，何也？"孟子曰："君子居是国也，其君用之，则安富尊荣。其子弟从之，则孝悌忠信。不素餐兮，孰大于是。"

王子垫问曰："士何事？"孟子曰："尚志。"曰："何谓尚志？"曰："仁义而已矣。杀一无罪，非仁也。非其有而取之，非义也。居恶在，仁是也。路恶在，义是也。居仁由义，大人之事备矣。"

孟子曰："仲子，不义与之齐国而弗受，人皆信之，是舍箪食豆羹之义也。人莫大焉亡亲戚君臣上下，以其小者，信其大者，奚可哉？"

桃应问曰："舜为天子，皋陶为士，瞽瞍杀人，如之何？"孟子曰："执之而已矣。""然则舜不禁与？"曰："夫舜恶得而禁之，夫有所受之也。""然则舜如之何？"曰："舜视弃天下，犹弃敝屣也。窃负而逃，遵海滨而处，终身欣然，乐而忘天下。"

孟子自范之齐，望见齐王之子，喟然叹曰："居移气，养移体。大哉居乎！夫非尽人之子与？"孟子曰："王子宫室车马衣服多与人同，而王子若彼者，其居使之然也。况居天下之广居者乎？鲁君之宋，呼于垤泽之门，守者曰：'此非吾君也，何其声似我君也？'此无他，居相似也。"

孟子曰："食而弗爱，豕交之也。爱而不敬，兽畜之也。恭敬者，币之未将者也。恭敬而无实，君子不可虚拘。"

孟子曰："形色，天性也。惟圣人然后可以践形。"

齐宣王欲短丧，公孙丑曰："为期之丧，犹愈于已乎。"孟子曰："是犹或紾其兄之臂，子谓之姑徐徐云尔。亦教之孝悌而已矣。"王子有其母死者，其傅为之请数月之丧，公孙丑曰："若此者何如也？"曰："是欲终之而不可得也，虽加一日愈于已。谓夫莫之禁而弗为者也。"

孟子曰："君子之所以教者五：有如时雨化之者，有成德者，有达财者，有答问者，有私淑艾者。此五者，君子之所以教也。"

公孙丑曰："道则高矣美矣，宜若登天然，似不可及也。何不使彼为可几及，而日孳孳也。"孟子曰："大匠不为拙工改废绳墨，羿不为拙射变其彀率。君子引而不发，跃如也。中道而立，能者从之。"

孟子曰："天下有道，以道殉身，天下无道，以身殉道。未闻以道殉乎人者也。"

公都子曰："滕更之在门也，若在所礼，而不答，何也？"孟子曰："挟贵而问，挟贤而问，挟长而问，挟有勋劳而问，挟故而问，皆所不答也。滕更有二焉。"

孟子曰："于不可已而已者，无所不已。于所厚者薄，无所不薄也。其进锐者其退速。"

孟子曰："君子之于物也，爱之而弗仁；于民也，仁之而弗亲。亲亲而仁民，仁民而爱物。"

孟子曰："知者无不知也，当务之为急；仁者无不爱也，急亲贤之为务。尧舜之知而不遍物，急先务也。尧舜之仁，不遍爱人，急亲贤也。不能三年之丧，而缌小功之察，放饭流歠，而问无齿决，是之谓不知务。"

荀子之性恶论及其天道观

以荀卿韩非之言为证,孟子之言,彼时盖盈天下矣。荀子起于诸儒间,争儒氏正统,在战国风尚中,非有新义不足以上说下教,自易于务反孟子之论,以立其说。若返之于孔子之旧谊,尽弃孟氏之新说,在理为直截之路,然荀子去孔子数百年,时代之变已大,有不可以尽返者。且荀卿赵人,诸儒名家,自子游而外,大略为邹鲁之士,其为齐卫人者不多见,若三晋,则自昔有其独立之学风(魏在三晋中,较能接受东方学风),乃法家之宗邦,而非儒术之灵士。

荀卿生长于是邦,曾西游秦,南仕楚,皆非儒术炽盛之地,其游学于齐年已五十,虽其响慕儒学必有直接或间接之邹鲁师承,而其早岁环境之影响终不能无所显露。今观《荀子·陈义》,其最引人注意者为援法入儒。荀氏以隆礼为立身施政之第一要义,彼所谓礼实包括法家所谓法(修身篇,"礼者,法之大分,类之纪纲也"。如此界说礼字,在儒家全为新说),彼所取术亦综核名实,其道肃然，欲一天下于一政权一思想也。其弟子有韩非李斯之伦者，是应然，非偶然。

今知荀子之学，一面直返于孔子之旧，一面援法而入以成儒家之新，则于荀子之天人论，可观其窍妙矣。荀子以性恶论著闻，昔人以不解荀子所谓"人性恶，其为善者伪也"之字义，遂多所误会。关于"伪"字者，清代汉学家已矫正杨注之失，郝懿行以为即是"为"字，其说无以易矣，而《性恶》《天论》两篇中之性字应是生字，前人尚无言之者，故荀子所以对言性伪之故犹不显，其语意犹未澈也。今将两篇中之性字一齐作生字读，则义理顺而显矣。

荀子以为人之生也本恶，其能为善者，人为之功也，从人生来所禀赋，则为恶，法圣王之制作以矫揉生质，则为善。其言曰：（文中一切性字皆应读如生字，一切伪字皆应读如为字，荀子原本必如此。）

人之性（生）恶，其善者伪（为）也。今人之性（生），生而有好利焉，顺是，故争夺生而辞让亡焉。生而有疾恶焉，顺是，故残贼生而忠信亡焉。生而有耳目之欲，好声色焉（好上原衍生字据王先谦说删），顺是，故淫乱生而礼义文理亡焉。然则从人之性（生），顺人之情，必出于争夺，合于犯分乱理而归于暴。故必将有师法之化，礼义之道，然后出于辞让，合于文理而归于治。用此观之，然则人之性（生）恶明矣，其善者伪（为）也。故枸木必将待隐括烝矫然后直，钝金必将待砻厉然后利。今人之性（生）恶，必将待师法然后正，得礼义然后治。

　　孟子曰："人之学者其性（生）善。"曰，是不然，是不及知人之性（生），而不察乎人之性（生）伪（为）之分者也。凡性（生）者，天之就也，不可学，不可事。礼义者，圣人之所生也，人之所学而能，所事而成者也。不可学，不可事，而在人者，谓之性（生），可学而能，可事而成之在人者，谓之伪（为），是性（生）伪（为）之分也。……问者曰，人之性（生）恶，则礼义恶生？应之曰，凡礼义者是生于圣人之伪（为），非故生于人之性（生）也。故陶人埏埴而为器，然则器生于工人之伪（为），非故生于陶（据王念孙说补陶字）人之性（生）也。故工人斲木而成器，然则器生于工人之伪（为），非故生于工（据王念孙说补工字）人之性（生）也。

　　圣人积思虑，习伪（为）故，以生礼义，而起法度，然则礼义法度者，是生于圣人之伪（为），非故生于人之性（生）也。若夫目好色，耳好声，口好味，心好利，骨体理肤好愉佚，是皆生于人之情性（生）者也，感而自然，不待事而后生之者也。夫感而不能然，必且待事而后然者，谓之（之下"生于"二字据王说删）伪（为）。是性（生）伪（为）之所生，其不同之征也。故圣人化性（生）而起伪（为）。伪（为）起而生礼义，礼义生而制法度。则然礼义法度者，是圣人之所生也。故圣人之所以同于众，其不异于众者，性（生）也，所以异而过众者伪（为）也。……凡人之欲为善者为性（生）恶也。……故性（生）善则去圣王，息礼义矣，性（生）恶，则与圣王，贵礼义矣。故隐栝之生，为枸木也，绳墨之起，为不直也，立君上，明礼义，为性（生）恶也。……（《性恶篇》，篇中若干性字尽读为生字，固似勉强，然若一律作名词看，则无不可矣。说详上卷）

既知荀子书中之性字本写作生字，其伪字本写作为字，则其性恶论所发挥者，义显而理充。如荀子之说，人之生也其本质为恶，故必待人工始可就于礼义，如以为人之生也善，则可不待人工而自善，犹之乎木不待矫揉而自直，不需乎圣王之制礼义，不取乎学问以修身也，固无是理也。无是理，则生来本恶明矣。

彼以"生""为"为对待，以恶归之天生，以善归之人为。若以后代语言达其意，则荀子盖以为人之所以为善者，人工之力，历代圣人之积累，以学问得之，以力行致之，若从其本生之自然，则但可趋于恶而不能趋于善也。此义有其实理，在西方若干宗教若干哲学有与此近似之大假定。近代论人之学，或分自然与文化为二个范畴（此为德国之习用名词），其以文化为扩充自然者，近于放性主义，其以文化为克服自然者，近于制性主义也。

孟子曰："乃若其情，则可以为善矣，若夫为不善，非才之罪也。"如反其词以质孟子曰，"乃若其情，则可以为恶矣，若夫不为恶，非才之功也"。孟子将何以答之乎？夫曰"可以"，则等于说"非定"，谓"定"则事实无证，谓"非定"，则性善之论自摇矣。

此等语气，皆孟子之逻辑工夫远不如荀子处。孟子之词，放而无律，今若为卢前王后之班，则孟子之词，宜在淳于髡之上，荀卿之下也。

其实荀子之说，今日观之亦有其过度处。设若诘荀子云，人之生质中若无为善之可能，则虽有充分之人工又焉能为善？木固待矫揉然后可以为直，金固待冶者然后可以为兵，然而木固有其可以矫揉以成直之性，金固有其可以冶锻以成利器之性，木虽矫揉不能成利器，金虽有良冶不能成珠玉也。夫以为性善，是忘其可以为恶，以为性恶，是忘其可以为善矣。吾不知荀子如何答此难也。荀子之致此缺陷，亦有其故，荀子掊击之对象，孟子之性善说，非性无善无不善之说也，设如荀子与道家辩论，或变其战争之焦点，而稍修改其词，亦未可知也。此亦论生于反之例也。（《礼论篇》云："性者本始材朴也，伪者文理隆盛也。无性则伪之无所加，无伪则性不能自美。……性伪合而天下治。"已与性恶论微不同。）

自今日论之，生质者，自然界之事实，善恶者，人伦中之取舍也。自然在先，人伦在后，今以人之伦义倒名自然事实，是以后事定前事矣。人为人之需要而别善恶，天不为人之需要而生人，故善恶非所以名生质者也。且善恶因时因地因等因人而变，人性之变则非如此之速而无定也。虽然，自自然人变为文化人，需要累世之积业，无限之努力，多方之影响，故放心之事少，克己之端多，以大体言，荀说自近于实在，今人固不当泥执当时之词名而忽其大义也。

有荀子之性恶论，自必有荀子之劝学说。性善则"求其放心"斯为学问之全道，性恶则非有外工克服一身之自然趋势不可也。孟荀二氏之性论为极端相反者，其修身论遂亦极端相反，其学问之对象遂亦极端相反。此皆系统哲学家所必然，不然，则为自身矛盾矣。

寻荀子之教育说，皆在用外功克服生质，其书即以劝学为首（此虽后人编定，亦缘后人知荀学之首重在此）。

此劝学之一篇在荀书中最有严整组织，首尾历陈四义。其一义曰，善假于物而慎其所立：

> 于越夷貉之子，生而同声，长而异俗，教使之然也……吾尝终日而思矣，不如须臾之所学也（此述孔子语）。吾尝跂而望矣，不如登高之博见也。登高而招，臂非加长也，而见者远，顺风而呼，声非加疾也，而闻者彰。假舆马者，非利足也，而致千里，假舟楫者，非能水也，而绝江河。君子生非异也，善假于物也。（《性恶篇》云："尧舜之与桀跖，其性一也，君子之与小人，其性一也。"）……西方有木焉，名曰射干，茎长四寸，生于高山之上，而临百仞之渊，木茎非能长也，所立者然也。……故君子居必择乡（《论语》，"里仁为美"），游必就士（此亦孔子损友益友之说），所以防邪僻而近中正也。……平地若一，水就湿也，草木畴生，禽兽群焉，物各从其类也。……君子慎其所立乎？

此言必凭借往事之成绩，方可后来居上，必立身于身好之环境，方可就善远恶。其二义曰，用心必专一，此言治学之方也。

锲而舍之，朽木不折，锲而不舍，金石可镂。蚓无爪牙之利，筋骨之强，上食埃土，下饮黄泉，用心一也。蟹六跪而二螯，非蛇鳝之穴无可寄托者，用心躁也。是故无冥冥之志者，无昭昭之明，无惛惛之道者，无赫赫之功。……目不能两视而明，耳不能两听而聪。……故君子结于一也。

其三义曰隆礼，此言治学之对象也。

学恶乎始，恶乎终？曰，其数则始乎诵经，终乎读礼，其义则始乎为士，终乎为圣人。真积力久则入学，至乎没而后止也。……礼者，法之大分，类之纲纪也，学至乎礼而止矣。……将原先王，本仁义，则礼正其经纬蹊径也。……不道（王念孙曰："道者由也。"）礼宪，以诗书为之，譬之犹以指测河也，以戈舂黍也，以锥飱壶也，不可以得之矣。故隆礼虽未明，法士也，不隆礼虽察辩，散儒也。

其四义曰贵全，贵全者，谓不为一曲之儒，且必一贯以求其无矛盾，此言所以示大儒之标准也。

君子知夫不全不粹之不足以为美也，故诵数以贯之，思索以通之，为其人以处之，除其害者以持养之。使目非是无欲见也，使耳非是无欲闻也，使口非是无欲言也，使心非是无欲虑也。……是故权利不能倾也，群众不能移也，天下不能荡也。生由乎是，死由乎是，夫是之谓德操。德操然后能定，能定然后能应，能定能应夫是之谓成人。天见其明，地见其光，君子贵其全也。

此虽仅示大儒之标准，其词义乃为约律主义所充满，足征荀子之教育论，乃全为外物主义，绝不取内心论者任何一端以为说。

荀子既言学不可以已，非外功不足以成善人，此与尽心率性之说已极相反，至于所学之对象，孟子以为求其放心，荀子则以为隆礼，亦极端相反。荀子所谓礼者兼括当时人所谓法（修身篇曰"故学也者，礼法也"，又曰"故非礼是无法也"。），凡先圣之遗训，后王之明教，人事之条理，事节之平正，皆荀子所谓礼也。（参见《修身》《正名》《礼论》各篇）故荀子之学礼，外学而非内也，节目之学而非笼统之义也。孟子"反身而观，乐莫大焉"，荀子及逐物而一一求其情理平直，成为一贯，以为学问之资。（在此义上，程朱之格物说与荀子为近）至其论学问之用于身也，无处不见约律主义，无处不是"克己复礼"之气象，与孟子诚如冰炭矣。

荀子之论学，虽与孟子相违，然并非超脱于儒家之外，而实为孔子之正传，盖孟子别走新路，荀子又返其本源也。自孔子"克己复礼"之说引申之到极端，必有以性伪分善恶之论。自"非生而知之好古敏以求之"之说发挥之，其义将如劝学之篇。颜渊曰"夫子博我以文,约我以礼",此固荀子言学之方也。(参见《劝学》《修身》等篇)若夫"非礼勿视,非礼勿听,非礼勿言,非礼勿动",以及"好仁不好学其蔽也愚,好知不好学其蔽也荡"等语,皆是荀学之根本。孟子尊孔子为集大成,然引其说者盖鲜,其义尤多不相干,若荀子,则为《论语》注脚者多篇矣。虽荀子严肃庄厉之气象非如孔子之和易,其立说之本质则一系相承者颇多耳。

言学言教,孔荀所同,言性则孔荀表面上颇似不类。若考其实在,二者有不相干,无相违也。孔子以为性相近,而习相远,此亦荀子所其言也。孔子别上智下愚,中人而上中人而下,此非谓生质有善恶也,言其材有差别也。盖孔子时尚无性善性不善之问题,孔子之学论固重人事工夫,其设教之本仍立天道之范畴,以义归之于天,斯无需乎以善归之于性,故孔子时当无此一争端也。

迨宗教之义既衰,学者乃舍天道而争人性,不得不为义之为物言其本源,不能不为善之为体标其所出,于是乃有性善性恶之争。言性善则孟子以义以善归于人之生质,言性恶则荀子以义以善归之先王后圣之明表。孔子时既无此题,其立说亦无设此题之需要。故孔荀在此一事上是不相干而不可谓相违也。若其克己复礼之说,极度引申可到性恶论,则亦甚有联系矣。

荀子之天道观

荀子之性论，舍孟子之新路而返孔子之旧域，已如上文所述，其天道论则直向新径，不守孔丘孟轲之故步，盖启战国诸子中积极人生观者最新派之天道论，已走尽全神论之道路，直入于无神论矣。请证吾说。早年儒家者，于天道半信半疑者也，已入纯伦理学之异域，犹不肯舍其宗教外壳者也。孔子信天较笃，其论事则不脱人间之世，盖其心中之天道已渐如后世所谓"象"者，非谆谆然之天命也。

孟子更罕言天，然其决意扫尽一切功用主义，舍利害生死之系念，一以是非为正而毫无犹疑，尤见其宗教的涵养，彼或不自知，而事实如此。自孟子至于荀子，中经半世纪，其时适为各派方术家备极发展之世。儒家之外，如老子庄周，后世强合为一，称之曰道家者，其天道论之发展乃在自然论之道路上疾行剧趋。老子宗天曰自然，庄子更归天于茫茫冥冥。荀子后起，不免感之而变，激之而厉，于是荀子之天道论大异于早年儒家矣。其言曰：

天行有常，不为尧存，不为桀亡。应之以治则吉，应之以乱则凶。彊本而节用，则天不能贫，养备而动时，则天不能病，循道而不二，则天不能祸。故水旱不能使之饥渴，寒暑不能使之疾，妖怪不能使之凶。本荒而用侈，则天不能使之富，养略而动罕，则天不能使之全，信道而妄行，则天不能使之吉。……惟圣人为不求知天。……

故君子敬其在己者而不慕其在天者，小人错其在己者而慕其在天者。君子敬其任己者而不慕其在天者，是以日进也。小人错其在己者而慕其在天者，是以日退也。

雩而雨，何也？曰，无何也，犹不雩而雨也。日月食而救之，天旱而雩，卜筮然后决大事，非以为得求也，以文之也。故君子以为文，而百姓以为神。以为文则吉，以为神则凶也。……

大天而思之，孰与物畜而裁之？从天而颂之，孰与制天命而用之？望时而待之，孰与应时而使之？（天论）

读此论，使人觉荀子心中所信当是无神论，夫老子犹曰"天道好还""天道无亲常与善人"，此所言比之老子更为贬损天道矣。

虽然，荀子固儒家之后劲，以法孔子自命，若于天道一字不提，口号殊有不便，于是尽去其实而犹存其名，以为天与人分职，复立天情、天君、天官、天养、天政等名词。此所谓天，皆自然现象也。荀子竟以自然界事实为天，天之为天者乃一扫而空矣。

荀子天道论立说既如此，斯遭遇甚大之困难。夫荀子者，犹是积极道德论中人，在庄子"舍是与非"，固可乐其冥冥之天，在荀子则既将天之威灵一笔勾销矣，所谓礼义者又何所出乎？凡积极道德论者，不能不为善之一谊定其所自，墨子以为善自天出，孟子以为善自人之生质出，荀子既堕天而恶性，何以为善立其大本乎？

于是荀子立先王之遗训，圣人之典型，以为善之大本，其教育法即是学圣人以克服己躬之恶。如以近代词调形容之，荀子盖以为人类之所以自蒙昧而进于开明，自恶而进于善者，乃历代圣人之合力，古今明王之积功，德义之成，纯由人事之层累。故遗训自尧舜，典型在后圣，后圣行迹具存，其仪范粲然明白而不诬也。（耶稣教亦性恶论者之一种，其称道"先天孽"，是性恶论之极致。然耶教信天帝，归善于天帝，故无荀子所遭逢之困难也。）

附：荀子《性恶》

人之性恶，其善者伪也。

今人之性，生而有好利焉，顺是，故争夺生而辞让亡焉；生而有疾恶焉，顺是，故残贼生而忠信亡焉；生而有耳目之欲，有好声色焉，顺是，故淫乱生而礼义文理亡焉。然则从人之性，顺人之情，必出于争夺，合于犯分乱理而归于暴。故必将有师法之化，礼义之道，然后出于辞让，合于文理，而归于治。用此观之，然则人之性恶明矣，其善者伪也。

故枸木必将待檃栝、烝、矫然后直，钝金必将待砻、厉然后利。今人之性恶，必将待师法然后正，得礼义然后治。今人无师法则偏险而不正，无礼义则悖乱而不治。古者圣王以人之性恶，以为偏险而不正，悖乱而不治，是以为之起礼义，制法度，以矫饰人之情性而正之，以扰化人之情性而导之也。始皆出于治、合于道者也。今之人化师法，积文学，道礼义者为君子；纵性情，安恣睢，而违礼义者为小人。用此观之，人之性恶明矣，其善者，伪也。

孟子曰："今之学者，其性善。"曰：是不然。是不及知人之性，而不察乎人之性、伪之分者也。凡性者，天之就也，不可学，不可事，礼义者，圣人之所生也，人之所学而能，所事而成者也。不可学、不可事而在人者谓之性，可学而能、可事而成之在人者谓之伪，是性、伪之分也。今人之性，目可以见，耳可以听。夫可以见之明不离目，可以听之聪不离耳，目明而耳聪，不可学明矣。孟子曰："今人之性善，将皆失丧其性故也。"曰：若是，则过矣。今人之性，生而离其朴，离其资，必失而丧之。用此观之，然则人之性恶明矣。所谓性善者，不离其朴而美之，不离其资而利之也。使夫资朴之于美，心意之于善，若夫可以见之明不离目，可以听之聪不离耳，故曰目明而耳聪也。今人之性，饥而欲饱，寒而欲暖，劳而欲休，此人之情性也。今人饥，见长而不敢先食者，将有所让也；劳而不敢求息者，将有所代也。夫子之让乎父、弟之让乎兄，子之代乎父、弟之代乎兄，此二行者，皆反于性而悖于情也。然而孝子之道，礼义之文理也。故顺情性则不辞让矣，辞让则悖于情性矣。用此观之，然则人之性恶明矣，其善者伪也。

问者曰："人之性恶，则礼义恶生？"应之曰：凡礼义者，是生于圣人之伪，非故生于人之性也。故陶人埏埴而为器，然则器生于工人之伪，非故生于人之性也。故工人斫木而成器，然则器生于工人之伪，非故生于人之性也。圣人积思虑、习伪故，以生礼义而起法度，然则礼义法度者，是生于圣人之伪，非故生于人之性也。若夫目好色，耳好声，口好味，心好利，骨体肤理好愉佚，是皆生于人之情性者也，感而自然，不待事而后生之者也。夫感而不能然，必且待事而后然者，谓之生于伪。是性、伪之所生，其不同之征也。故圣人化性而起伪，伪起而生礼义，礼义生而制法度。然则礼义法度者，是圣人之所生也。故圣人之所以同于众，其不异于众者，性也；所以异而过众者，伪也。夫好利而欲得者，此人之情性也。假之人有弟兄资财而分者，且顺情性，好利而欲得，若是，则兄弟相拂夺矣；且化礼义之文理，若是则让乎国人矣。故顺情性则弟兄争矣，化礼义则让乎国人矣。

凡人之欲为善者，为性恶也。夫薄愿厚，恶愿美，狭愿广，贫愿富，贱愿贵，苟无之中者，必求于外。故富而不愿财，贵而不愿势，苟有之中者，必不及于外。用此观之，人之欲为善者，为性恶也。今人之性，固无礼义，故强学而求有之也；性不知礼义，故思虑而求知之也。然则生而已，则人无礼义，不知礼义。人无礼义则乱，不知礼义则悖。然则生而已，则悖乱在己。用此观之，人之性恶明矣，其善者伪也。

孟子曰："人之性善。"曰：是不然。凡古今天下之所谓善者，正理平治也；所谓恶者，偏险悖乱也。是善恶之分也矣。今诚以人之性固正理平治邪？则有恶用圣王，恶用礼义矣哉？虽有圣王礼义，将曷加于正理平治也哉？今不然，人之性恶。故古者圣人以人之性恶，以为偏险而不正，悖乱而不治，故为之立君上之势以临之，明礼义以化之，起法正以治之，重刑罚以禁之，使天下皆出于治，合于善也。是圣王之治，而礼义之化也。今当试去君上之势，无礼义之化，去法正之治，无刑罚之禁，倚而观天下民人之相与也，若是，则夫强者害弱而夺之，众者暴寡而哗之，天下之悖乱而相亡不待顷矣。用此观之，然则人之性恶明矣，其善者伪也。

故善言古者必有节于今，善言天者必有征于人。凡论者，贵其有辨合，有符验，故坐而言之，起而可设，张而可施行。今孟子曰："人之性善。"无辨合符验，坐而言之，起而不可设，张而不可施行，岂不过甚矣哉！故性善则去圣王，息礼义矣；性恶则与圣王，贵礼义矣。故檃栝之生，为枸木也；绳墨之起，为不直也；立君上、明礼义，为性恶也。用此观之，然则人之性恶明矣，其善者伪也。直木不待檃栝而直者，其性直也；枸木必将待檃栝、烝、矫然后直者，以其性不直也。今人之性恶，必将待圣王之治、礼义之化，然后皆出于治，合于善也。用此观之，然则人之性恶明矣，其善者伪也。

问者曰："礼义积伪者，是人之性，故圣人能生之也。"应之曰：是不然。夫陶人埏埴而生瓦，然则瓦埴岂陶人之性也哉？工人斫木而生器，然则器木岂工人之性也哉？夫圣人之于礼义也，辟则陶埏而生之也，然则礼义积伪者，岂人之本性也哉？凡人之性者，尧、舜之与桀、跖，其性一也；君子之与小人，其性一也。今将以礼义积伪为人之性邪？然则有曷贵尧、禹，曷贵君子矣哉？凡所贵尧、禹、君子者，能化性，能起伪，伪起而生礼义。然则圣人之于礼义积伪也，亦犹陶埏而为之也。用此观之，然则礼义积伪者，岂人之性也哉？所贱于桀、跖、小人者，从其性，顺其情，安恣睢，以出乎贪利争夺。故人之性恶明矣，其善者伪也。

天非私曾、骞、孝己而外众人也，然而曾、骞、孝己独厚于孝之实而全于孝之名者，何也？以綦于礼义故也。天非私齐、鲁之民而外秦人也，然而于父子之义、夫妇之别，不如齐、鲁之孝具敬父者，何也？以秦人之从情性，安恣挚，慢于礼义故也，岂其性异矣哉？

"涂之人可以为禹。"曷谓也？曰：凡禹之所以为禹者，以其为仁义法正也。然则仁义法正有可知可能之理，然而涂之人也，皆有可以知仁义法正之质，皆有可以能仁义法正之具，然则其可以为禹明矣。今以仁义法正为固无可知可能之理邪？然则唯禹不知仁义法正，不能仁义法正也。将使涂之人固无可以知仁义法正之质，而固无可以能仁义法正之具邪？然则涂之人也，且内不可以知父子之义，外不可以知君臣之正。不然。今涂之人者，皆内可以知父子之义，外可以知君臣之正，然则其可以知之质，可以能之具，其在涂之人明矣。今使涂之人者以其可以知之质，可以能之具，本夫仁义法正之可知之理，可能之具，然则其可以为禹明矣。今使涂之人伏术为学，专心一志，思索孰察，加日县久，积善而不息，则通于神明，参于天地矣。故圣人者，人之所积而致矣。曰："圣可积而致，然而皆不可积，何也？"曰：可以而不可使也。故小人可以为君子而不肯为君子，君子可以为小人而不肯为小人。小人、君子者，未尝不可以相为也，然而不相为者，可以而不可使也。故涂之人可以为禹则然，涂之人能为禹，未必然也。虽不能为禹，无害可以为禹。足可以遍行天下，然而未尝有能遍行天下者也。夫工匠、农、贾，未尝不可以相为事也，然而未尝能相为事也。用此观之，然则可以为，未必能也；虽不能，无害可以为。然则能不能之与可不可，其不同远矣，其不可以相为明矣。

尧问于舜曰："人情何如？"舜对曰："人情甚不美，又何问焉？妻子具而孝衰于亲，嗜欲得而信衰于友，爵禄盈而忠衰于君。人之情乎！人之情乎！甚不美，又何问焉！"唯贤者为不然。

有圣人之知者，有士君子之知者，有小人之知者，有役夫之知者，多言则文而类，终日议其所以，言之千举万变，其统类一也：是圣人之知也。少言则径而省，论而法，若佚之以绳，是士君子之知也。其言也诌，其行也悖，其举事多悔，是小人之知也。齐给、便敏而无类，杂能、旁魄而无用，析速、粹孰而不急，不恤是非，不论曲直，以期胜人为意，是役夫之知也。

有上勇者，有中勇者，有下勇者；天下有中，敢直其身；先王有道，敢行其意；上不循于乱世之君，下不俗于乱世之民；仁之所在无贫穷，仁之所亡无富贵；天下知之，则欲与天下同苦乐之；天下不知之，则傀然独立天地之间而不畏：是上勇也。礼恭而意俭，大齐信焉而轻货财，贤者敢推而尚之，不肖者敢援而废之，是中勇也。轻身而重货，恬祸而广解，苟免不恤是非、然不然之情，以期胜人为意,是下勇也。

繁弱、钜黍,古之良弓也,然而不得排檠则不能自正。桓公之葱,大公之阙,文王之录,庄君之曶,阖闾之干将、莫邪、钜阙、辟闾,此皆古之良剑也,然而不加砥厉则不能利,不得人力则不能断。骅骝、骐、骥、纤离、绿耳,此皆古之良马也,然而前必有衔辔之制,后有鞭策之威,加之以造父之驭,然后一日而致千里也。夫人虽有性质美而心辩知,必将求贤师而事之,择良友而友之。得贤师而事之,则所闻者尧、舜、禹、汤之道也;得良友而友之,则所见者忠信敬让之行也。身日进于仁义而不自知也者,靡使然也。今与不善人处,则所闻者欺诬诈伪也,所见者污漫、淫邪、贪利之行也,身且加于刑戮而不自知者,靡使然也。传曰:"不知其子视其友,不知其君视其左右。"靡而已矣,靡而已矣。

墨家之反儒学

在论战国墨家反儒学之先,要问战国儒家究竟是怎个样子。这题目是很难答的,因为现存的早年儒家书,如《荀子》《礼记》,很难分那些是晚周,那些是初汉,《史记》一部书中的儒家史材料也吃这个亏。只有《孟子》一部书纯粹,然孟子又是一个"辩士",书中儒家史料真少。在这些情形之下,战国儒家之分合,韩非所谓八派之差异,竟是不能考的问题。但他家攻击儒者的话中,反要存些史料,虽然敌人之口不可靠,但攻击人者无的放矢,非特无补,反而自寻无趣;所以《墨子》《庄子》等书中非儒的话,总有着落,是很耐人寻思的。

关于战国儒者事,有三件事可以说几句:

一、儒者确曾制礼作乐,虽不全是一个宗教的组织,却也是自成组织,自有法守。三年之丧并非古制,实是儒者之制,而儒者私居演礼习乐,到太史公时还在鲁国历历见之。这样的组织,正是开墨子创教的先河，而是和战国时一切辩士之诸子全不同的。

二、儒者在鲁国根深蒂固，竟成通国的宗教。儒者一至他国，则因其地而变，在鲁却能保持较纯净的正统，至汉而多传经容礼之士。所以在鲁之儒始终为专名，一切散在列国之号为儒者，其中实无所不有，几乎使人疑儒乃一切子家之通名。

三、儒者之礼云乐云，弄到普及之后，只成了个样子主义mannerism，全没有精神，有时竟像作伪。荀卿在那里骂贱儒，骂自己的同类，也不免骂他们只讲样子，不管事作。《庄子·外物篇》中第一段形容得尤其好：

儒以诗礼发冢。（王先谦云"求诗礼发古冢"，此解非是。下文云，大儒胪传，小儒述诗，犹云以诗礼之态发冢。郭注云："诗礼者，先王之陈迹也。苟非其人，道不虚行。故夫儒者乃有用之为奸，则迹不足恃也。"此解亦谓以诗礼发冢，非谓求诗礼发冢。）大儒胪传曰："东方作矣，事之若何？"小儒曰："未解裙襦，口中有珠。诗固有之曰：'青青之麦，生于陵陂。生不布施，死何食珠为？'"接其鬓，厌其频，儒以金椎控其颐，徐别其颊，无伤口中珠！

这是极端刻画的形容，但礼云乐云而性无所忍，势至弄出这些怪样子来的。

墨子出于礼云乐云之儒者环境中，不安而革命，所以墨家所用之具全与儒同，墨家所标之义全与儒异。儒者称诗书，墨者亦称诗书；儒者道春秋，墨者亦道春秋（但非止鲁春秋）；儒者谈先王，谈尧舜，墨者亦谈先王谈尧舜；儒者以禹为大，墨者以禹为王；儒墨用具之相同远在战国诸子中任何两家之上。然墨者标义则全是向儒者痛下针砭。今作比较表如下：

墨者义	儒者义	附记
尚贤　墨子："古者圣王甚尊尚贤而任使能，不党父兄。不偏贵富，不嬖颜色。"	亲亲如孟子所举舜封弟象诸义，具见儒者将亲亲之义置于尚贤之前。	儒者以家为国，墨子以天下为国，故儒者治国以宗法之义，墨者则以一视同仁为本。
尚同　一切上同于上，"上同乎天子，而未尚同乎天者，则天灾将犹未止也"	事有差等儒者以为各阶级应各尽其道以事上，而不言同乎上，尤不言尚同乎天。	尚同实含平等义，儒者无之。
兼爱　例如"报怨以德"之说。墨子以为人类之间无"此疆尔界"。	爱有等差例如孟子："有人于此，越人关弓而射之，则己谈笑而道之，其兄关弓而射之，则己垂涕泣而道之。"孟子之性善论如此。	
非攻　非一切之攻战。	别义战与不义战。	

续表

墨者义	儒者义	附记
节用。	居俭侈之间。	
节葬。	厚葬。	韩非子，儒者倾家而葬，人主以为孝，墨者薄葬，人主以为俭。此为需墨行事最异、争论最多之点。
天志 墨子明言天志。以为"天欲义而恶其不义"。	天命儒者非谓天无志之自然论者。但不主明切言之。《论语》："天何言哉？四时行焉，百物生焉。"又每以命为天，孟子："吾之不遇鲁侯，天也。"	此两事实一体，儒者界于自然论及宗教家之中。而以甚矛盾之行事 成其不可知之谊。
明鬼 确信鬼之有者。	敬鬼神而远之 《论语》："祭如在，祭神如神在。"又"未能事人，焉能事鬼"。	
非乐。	放郑声而隆雅乐。	

续表

墨者义	儒者义	附记
非命。	有命 《论语》："道之将行也与？命也！道之将废也与？命也！公伯寮其如命何？"孟子："吾之不遇鲁侯，天也！臧氏之子焉能使予不遇哉？"儒者平日并不言命，及失败时，遂强颜谈命以讳其失败。	

就上表看，墨者持义无不与儒歧别。其实选辑说去，儒墨之别常是一个度的问题：例如儒者亦主张任贤使能者，但更有亲亲之义在上头；儒者亦非主张不爱人，如魏牟杨朱者，但谓爱有差等；儒者亦非主战阵，如纵横家者，但还主张义战；儒者亦非无神无鬼论者，但也不主张有鬼。

乐葬两事是儒墨行事争论的最大焦点，但儒者亦放郑声，亦言"礼与其奢也宁俭，丧与其易也宁戚"。然而持中者与极端论者总是不能合的，两个绝相反的极端论者，精神上还有多少的同情；极端论与持中者既不同道，又不同情，故相争每每最烈。儒者以为凡事皆有差等，皆有分际，故无可无不可。

在高贤尚不免于妥协之过，在下流则全成伪君子而已。这样的不绝对主张，正是儒者不能成宗教的主因；虽有些自造的礼法制度，但信仰无主，不吸收下层的众民，故只能随人君为抑扬，不有希世取荣之公孙弘，儒者安得那样快当的成正统啊！

附：《庄子·外物篇》

外物不可必，故龙逢诛，比干戮，箕子狂，恶来死，桀纣亡。人主莫不欲其臣之忠，而忠未必信，故伍员流于江，苌弘死于蜀，藏其血三年而化为碧。人亲莫不欲其子之孝，而孝未必爱，故孝己忧而曾参悲。木与木相摩而然，金与火相守则流。阴阳错行，则天地大绞，于是乎有雷有霆，水中有火，乃焚大槐。有甚忧两陷而无所逃，螴蜳不得成，心若县于天地之间，慰暋沈屯，利害相摩，生火甚多；众人焚火，月固不胜火，于是乎僓然而道尽。

庄周家贫，故往贷粟于监河侯。监河侯曰："诺。我将得邑金，将贷子三百金，可乎？"庄周忿然作色曰："周昨来，有中道而呼者。周顾视车辙中，有鲋鱼焉。周问之曰：'鲋鱼来！子何为者邪？'对曰：'我，东海之波臣也。君岂有斗升之水而活我哉？'周曰：'诺。我且南游吴越之王，激西江之水而迎子，可乎？'鲋鱼忿然作色曰：'吾失我常与，我无所处。吾得斗升之水然活耳，君乃言此，曾不如早索我枯鱼之肆！'"

任公子为大钩巨缁，五十犗以为饵，蹲乎会稽，投竿东海，旦旦而钓，期年不得鱼。已而大鱼食之，牵巨钩，錎没而下，骛扬而奋鬐，白波如山，海水震荡，声侔鬼神，惮赫千里。任公得若鱼，离而腊之，自制河以东，苍梧已北，莫不厌若鱼者。已而后世轻才讽说之徒，皆惊而相告也。夫揭竿累，趣灌渎，守鲵鲋，其于得大鱼难矣。饰小说以干县令，其于大达亦远矣，是以未尝闻任氏之风俗，其不可与经于世亦远矣。

儒以诗礼发冢，大儒胪传曰："东方作矣，事之何若？"小儒曰："未解裙襦，口中有珠。诗固有之曰：'青青之麦，生于陵陂。生不布施，死何含珠为！'""接其鬓，压其频，儒以金椎控其颐，徐别其颊，无伤口中珠！"

老莱子之弟子出薪，遇仲尼，反以告，曰："有人于彼，修上而趋下，末偻而后耳，视若营四海，不知其谁氏之子。"老莱子曰："是丘也。召而来。"仲尼至。曰："丘！去汝躬矜与汝容知，斯为君子矣。"仲尼揖而退，蹙然改容而问曰："业可得进乎？"老莱子曰："夫不忍一世之伤而骛万世之患，抑固窭邪，亡其略弗及邪？惠以欢为骛，终身之丑，中民之行进焉耳，相引以名，相结以隐。与其誉尧而非桀，不如两忘而闭其所誉。反无非伤也，动无非邪也。圣人踌躇以兴事，以每成功，奈何哉其载焉终矜尔！"

宋元君夜半而梦人被发窥阿门，曰："予自宰路之渊，予为清江使河伯之所，渔者余且得予。"元君觉，使人占之，曰："此神龟也。"君曰:"渔者有余且乎?"左右曰:"有。"君曰:"令余且会朝。"明日,余且朝。君曰:"渔何得?"对曰:"且之网得白龟焉,其圆五尺,"君曰:"献若之龟。"龟至,君再欲杀之,再欲活之,心疑,卜之,曰:"杀龟以卜吉。"乃刳龟,七十二钻而无遗。仲尼曰:"神龟能见梦于元君,而不能避余且之网;知能七十二钻而无遗?不能避刳肠之患。如是,则知有所困,神有所不及也。虽有至知,万人谋之。鱼不畏网而畏鹈鹕。去小知而大知明,去善而自善矣。婴儿生无石师而能言,与能言者处也。"

惠子谓庄子曰:"子言无用。"庄子曰:"知无用而始可与言用矣。天地非不广且大也,人之所用容足耳。然则厕足而垫之,致黄泉,人尚有用乎?"惠子曰:"无用。"庄子曰:"然则无用之为用也亦明矣。"

庄子曰:"人有能游,且得不游乎?人而不能游,且得游乎?夫流遁之志,决绝之行,噫,其非至知厚德之任与!覆坠而不反,火驰而不顾,虽相与为君臣,时也,易世而无以相贱。故曰至人不留行焉。夫尊古而悲今,学者之流也。且以狶韦氏之流观今之世,夫孰能不波?唯至人乃能游于世而不僻,顺人而不失己。彼教不学,承意不彼。"目彻为明,耳彻为聪,鼻彻为颤,口彻为甘,心彻为知,知彻为德。凡道不欲壅,壅则哽,哽而不止则跈,跈者众害生。物之有知者恃息,其不殷,非天之罪。天之穿之,日夜无降,人则顾塞其窦。胞有重阆,心有天游。室无空虚,则妇姑勃溪;心无天游,则六凿相攘。大林丘山之善于人也,亦神者不胜。

德溢乎名，名溢乎暴，谋稽乎誸，知出乎争，柴生乎守，官事果乎众宜。春雨日时，草木怒生，铫鎒于是乎始修，草木之到植者过半，而不知其然。

静然可以补病，眦搣可以休老，宁可以止遽。虽然，若是，劳者之务也，非佚者之所未尝过而问焉。圣人之所以天下，神人未尝过而问焉；贤人所以骇世，圣人未尝过而问焉；君子所以骇国，贤人未尝过而问焉；小人所以合时，君子未尝过而问焉。

演门有亲死者，以善毁爵为官师，其党人毁而死者半。尧与许由天下，许由逃之；汤与务光，务光怒之。纪他闻之，帅弟子而踆于窾水；诸侯吊之，三年，申徒狄因以踣河。荃者所以在鱼，得鱼而忘荃；蹄者所以在兔，得兔而忘蹄；言者所以在意，得意而忘言。吾安得夫忘言之人而与之言哉！

墨子之非命论

《墨子》一书不可尽据，今本自《亲士》至《三辩》七篇宋人题作经者，虽《所染》与吕子合，《三辩》为《非乐》余义，《法仪》为《天志》余义，《七患》《辞过》为《节用》余义（皆孙仲容说），大体实甚驳难。《修身》一篇全是儒家语，《亲士》下半为老子作注解，盖汉人之书也。《经》上下《经说》上下，自为一种学问，不关上说下教之义。《大取》至《公输》七篇，可称墨家杂篇，其多精义一如《庄子·杂篇》之于《庄子》全书。若其教义大纲之所在，皆含于尚贤至非儒二十四篇中，据此可识墨义之宗宰矣。

读《墨子》书者，总觉其宗教彩色甚浓，此自是极确定之事实，然其辩证之口气有时转比儒家更近于功利主义。《墨子》辩证之方式有所谓三表者，其词曰：

子墨子言曰："有本之者，有原之者，有用之者。于何本之？上本之于古者圣王之事。于何原之？下原察百姓耳目之实。于何用之？发以为刑政，观其中国家百姓人民之利。此所谓三表也。"（非命上）

"本之"即荀子所谓"持之有故"，"原之"即荀子所谓"言之成理"，前者举传训以为证，后者举事理以为说。至于"用之"，则纯是功利论之口气，谓如此如此乃是国家百姓万人之大利也。孔子以为自古皆有死，孟子以为舍生而取义，皆有宗教家行其所是之风度，墨子乃沾沾言利，言之不已，虽其所谓利非私利，而为万民之公利，然固不似孟子之譬头痛绝此一名词也。其尤甚者，墨子以为鬼纵无有，亦必须假定其有，然后万民得利焉。

虽使鬼神请（诚）无，此犹可以合欢聚众，取亲于乡里。

此则俨然服而德氏之说，虽使上帝诚无，亦须假设一个上帝。此虽设辩之词，然严肃之宗教家不许如此也。甚矣中国人思想中功利主义之深固，虽墨家亦如此也。然此中亦有故，当时墨家务反孔子，而儒家自始标榜"君子喻于义，小人喻于利""喻犹晓也"。故墨子乃立小人之喻以为第三表，且于三表中辞说最多焉，墨子固以儒家此等言辞为伪善者也。孟子又务反墨说，乃并此一名词亦排斥之。此节虽小，足征晚周诸子务求相胜，甲曰日自东出，乙必曰日自西出，而为东西者作一新界说，或为方位作一新解，以成其论。识此则晚周诸子说如何相反相生，有时可得其隐微，而墨子之非命论与儒如何关系，亦可知焉。

又有一事，墨子极与孔子相反者，孔子"博学而无所成名""无可无不可"，墨子则为晚周子籍中最有明白系统者。盖孔子依违调和于春秋之时代性中，墨子非儒，乃为断然的主张，积极的系统制作，其亦孔子后学激之使然耶？

墨子教义以宗教为主宰，其论人事虽以祸福利害为言，仍悉溯之于天，此与半取宗教之孔子固不同，与全舍宗教之荀子尤极端相反也。今试将墨子教义图以明之：

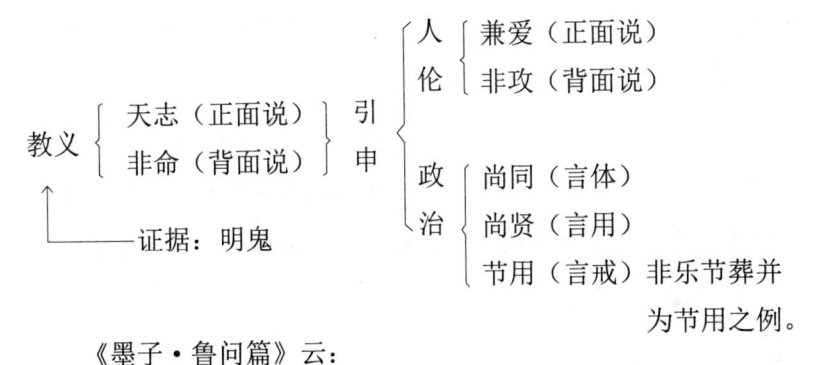

$$
\text{教义}\begin{cases}\text{天志（正面说）}\\ \text{非命（背面说）}\end{cases}\overset{\text{引}}{\text{申}}\begin{cases}\text{人伦}\begin{cases}\text{兼爱（正面说）}\\ \text{非攻（背面说）}\end{cases}\\ \text{政治}\begin{cases}\text{尚同（言体）}\\ \text{尚贤（言用）}\\ \text{节用（言戒）非乐节葬并为节用之例}\end{cases}\end{cases}
$$

证据：明鬼

《墨子·鲁问篇》云：

> 国家昏乱，则语之尚贤，尚同。国家贫，则语之节用，节葬。国家喜音耽湎，则语之非乐，非命。国家淫僻无礼，则语之尊天，事鬼。国家务夺侵凌，则语之兼爱，非攻。（鲁问）

此虽若对症下药，各自成方，而寻绎其义理，实一完固之系统，如上图所形容也。墨孟荀三氏之思想皆成系统，在此点上，三家与孔子不同，而墨子之系统为最严整矣。墨义之发达全在务反儒学之道路上。当时儒家对鬼之观念，立于信不信之半途，而作不信如信之姿势，且儒家本是相对的信命定论者，墨家对此乃根本修正之。今引其说：

> 儒以人为不明，以鬼为不神，天鬼不说（问祷，答曰不知，性与天道不可得闻，皆孔子不说或罕说天鬼之证也。说读如字）。此足以丧天下。……又以命为有，贫富，寿夭，治乱，安危，有极矣，不可损益也。为上者行之，必不听治矣，为下者行之，必不从事矣，此足以丧天下。（公孟）
>
> 公孟子曰，"无鬼神"。又曰，"君子必学祭祀"（毕沅曰，祀当为礼）。子墨子曰，"执无鬼而学祭礼，是犹无客而学客礼也，是犹无鱼而为鱼罟也"。（公孟）立命而怠事，不可使守职。（非儒）

此皆难儒斥儒之词，既足以见墨义之宗旨，更足以证墨学之立场。儒家已渐将人伦与宗教离开，其天人说已渐入自然论，墨者乃一反其说，复以宗教为大本，而以其人事说为其宗教论之引申。墨家在甚多事上最富于革命性，与儒家不同，独其最本原之教义转似走上复古之道路，比之儒家，表面上为后于时代也。

然墨子之宗教的上天，虽抛弃儒家渐就自然论渐成全神论之趋势，而返于有意志有喜怒之人格化的上天，究非无所修正之复古与徒信帝力之大者，所可比也。墨子之天实是善恶论之天神化，其上天乃一超于人力之圣人，非世俗之怪力乱神也。如许我以以色列教统相比拟，《旧约》中尚少此等完全道德化之帝天，四福音中始见此义耳。是则墨子虽以宗教意识之重，较儒家为复古，亦以其上天之充分人格化道德化，转比儒家之天道说富于创造性。盖墨子彻底检讨人伦与宗教之一切义，为之树立上下贯彻之新解，虽彼之环境使以宗教为大本，而彼之时代亦使彼为一革新的宗教家，将道德理智纳之于宗教范畴之下，其宗教之本身遂与传统者有别。

墨子立论至明切，非含胡接受古昔者也。《天志》三篇为彼教义之中心，其所反复陈言者：一则以为天有志，天志为义，义白天出。二则以为天兼有天下之人，故兼爱天下之人。三则以为从天之意者必得赏，背天之意者必得罚，人为天之所欲，则天为人之所欲，人为天之所恶，则天为人之所恶。四则以为天为贵，天为智，自庶人至于天子，皆不得次己而为政，有天政之。据此，可知墨子之天，乃人格化道德化之极致，是圣人之有广大权能在苍苍上者，故与怪力乱神不可同日语也。

兹将墨义系统如前图所示者再解说之，以明其条贯。墨子以为天非不言而运行四时者，乃有明明赫赫之意志者，人非义不生，而义"自天出"。天意者，"上尊天，中事鬼神，下爱人"，行如此则天降之福，行不如此则天降之祸。墨子又就此义之背面以立论，设为非命之辨，以为三代之兴亡，个人之祸福，皆由自身之行事，天无固定之爱憎，即无前定之命焉，果存命定之说，万人皆怠其所务，"是覆天下之义"，而"灭天下之人矣"。今知《天志》《非命》为墨义系统中之主宰者，可取下引为证：

子墨子言曰："我有天志，譬如轮人之有规，匠人之有矩，轮匠执其规矩，以度天下之方圆，曰，中（读去声，下同）者是也，不中者非也。"（天志上）

故子墨子之有天之意也，上将以度天下之王公大人为刑政也，下将以量天下之万民为文学出言谈也。……故置此以为法，立此以为仪，将以量度天下之王公大人卿大夫之仁与不仁，譬之犹务黑白也。（天志中）

今又知墨子论人事诸义为《天志》《非命》之引申者，可取下引为证：

子墨子曰："天之意不欲大国之攻小国也，大家之乱小家也，强之暴寡，诈之谋愚，贵之傲贱，此天之所不欲也。不止此而已，欲人之有力相营，有道相教，有财相分也。又欲上之强听治也，下之强从事也。"（天志中）

顺天之意者兼也，反天之意者别也。兼之为道也义正，别之为道也力正。曰，义正者何若？曰，大不攻小也，强不侮弱也，众不贼寡也，诈不欺愚也，贵不傲贱也，富不骄贫也，壮不夺老也。是以天下之庶国莫以水火毒药兵刃以相害也。……曰，力正者何若？曰，大则攻小也，强则侮弱也，众则贼寡也，

诈则欺愚也，贵则傲贱也，富则骄贫也，壮则夺老也。是以天下之庶国方以水火毒药兵刃以相贼害也。（天志下）

据此，则兼爱非攻皆天之意向，墨子奉天以申其说。尚同则一天下人之行事以从天志，虽尚贤亦称为天之意焉。其言曰：

故古圣王以审以尚贤便能为政，而取法于天。虽天亦不辩贫富、贵贱、远迩、亲疏、贤者举而尚之，不肖者抑而废之。（尚贤中）

故天志非命为墨义系统之主宰，无可疑也。

墨子之天道观对儒家为反动者，已如上文所论，其对《周诰》中之天道论，则大体相同，虽口气有轻重，旨命则无殊也。此语骤看似不可通，盖周诰中历言天不可信，而墨子以天之昭昭为言，《周诰》以为修短由人，墨子以为志之在天。然疏解古籍者，应识其大义，不可墨守其名词。墨子所非之命，指命定之论而言，以祸福有前定而不可损益者也，此说亦周诰中所力排者也。

墨子所主张之天志，乃作善天降祥，作不善天降殃之说，谓天明明昭昭，赏罚可必，皆因人之行事而定，而非于人之行事以外别有所爱憎，此说正周诰所力持者也。非命篇全是周诰中殷纣丧命汤武受命说之注脚，而《天志篇》虽口气有轻重，注意点有不同，其谓天赏劳动善行，罚荒佚暴政，则无异矣。周诰为政治论，墨义为

宗教论，其作用原非一事，故词气不同，若其谓天命之祸福皆决之于人事，乃无异矣。（参看本篇第二章）

墨子之天道论固为周初以来（或不止于周初）正统天道论一脉中在东周时造成之极峰，其辞彩焕发，引喻明切，又为东周诸子所不及。（希腊罗马之散文体以演说为正宗，中国之古演说体仅存于墨子。其陈义明切，辨证严明，大而不遗细，守而能攻击，固非循循讷讷之孔子，强辞夺理之孟子所能比，即整严之荀子，深刻之韩子，亦非其匹，盖立义既高，而文词又胜也。）然亦有其缺陷，易为人攻陷者，即彼之福善祸淫论在证据上有时不能自完其说，其说乃"无征不信，不信民弗从"也。请证吾说。

有游于子墨子之门者，谓子墨子曰："先生以鬼神为明知（智），能为祸福（据王孙二氏校），为善者富之，为暴者祸之。今吾事先生久矣，而福不至，意者先生之言有不善乎？鬼神不明乎？我何故不得福也？"子墨子曰："虽子不得福，吾言何遽不善，而鬼神何遽不明？子亦闻乎匿徒有刑乎？"（从俞校）对曰："未之得闻也。"子墨子曰："今有人于此，什子，子能什誉之而一自誉乎？"对曰："不能。""有人于此，百子，子能终身誉其善而子无一乎？"对曰："不能。"子墨子曰："匿一人者犹有罪，今子所匿者若此其多，将有厚罪者也，何福之求？"子墨子有疾，跌鼻进而问曰："先生以鬼神为明，能为祸福，为善者赏之为不善者罚之。今先生圣人也，何故有疾？意者先生之言有不善乎？鬼神不明知（智）乎？"子墨子曰："虽使我有病，（鬼神）何遽不明？人之所得于病者多方，有得之寒暑，有得之劳苦。百门而闭一门焉，则盗何遽无从入？"（公孟）

此真墨说之大缺陷矣。弟子不得福，则曰汝尚未善也，若墨子有其早死之颜回，则又何说？且勉人以善更求善，一般人之行善固有限度者，累善而终得祸，其说必为人疑矣。《旧约》记约百力行善，天降之祸，更善，更降之祸。虽以约百之善人，终不免于怨天焉。墨子自身有疾，则曰，病由寒暑劳苦也，此非得自天焉，且以一对百比天意与他故之分际，此真自降其说矣。不以天为全智全能，则天志之说决不易于动听也。

夫耶稣教之颇似墨义，自清末以来多人言之，耶稣教有天堂地狱之说，谓祸福不可但论于此世，将以齐之于死后也。故善人得福在于天堂，恶人得祸在于地狱，恶人纵得间于生前，必正地火之刑于死后，至于世界末日，万类皆得平直焉。此固无可证其必有，亦无可证其必无之说，然立说如此乃成一完全之圆周，无所缺漏。

如墨子之说，虽宗教意识极端发达，而不设身后荣辱说以调剂世间之不平，得意者固可风从，失意者固不肯信矣。墨家书传至现在者甚少，当年有无类于天堂地狱之说，今固不可确知，然按之墨子书，其反覆陈说甚详，未尝及此也。其言明鬼，亦注重在鬼之干预世间事，未言鬼之生活也。

墨子出身盖亦宋之公族（颉刚语我云，墨氏即墨夷氏，公子目夷之后。其说盖可信），后世迁居于鲁，与孔子全同，亦孔融所谓"圣人之后不得其位而亡于宋"者也。其说虽反儒家之尚学，其人贯博极群书者，言必称三代，行乃载典籍，亦士大夫阶级之人也。其立教平等，舍亲亲尊尊之义，而惟才是尚，其教也无类，未有儒家"礼不下庶人"之恶习，故其教徒中所吸收者，甚多工匠，及下层社会中人，而不限于士流，于是显然若与儒学有阶级之差异者。其人之立身自高于孔子甚远，然而其自身究是学问之士，兼为教训政治之人，非一纯粹之宗教家也。此其为人所奉信反不如张角者欤？

附：墨子《非命·上》

子墨子言曰：古者王公大人为政国家者，皆欲国家之富，人民之众，刑政之治。然而不得富而得贫，不得众而得寡，不得治而得乱，则是本失其所欲，得其所恶，是故何也？

子墨子言曰：执有命者以杂于民间者众。执有命者之言曰："命富则富，命贫则贫；命众则众，命寡则寡；命治则治，命乱则乱；命寿则寿，命夭则夭；命……虽强劲，何益哉？"以上说王公大人，下以驵百姓之从事，故执有命者不仁。故当执有命者之言，不可不明辨。

然则明辨此之说，将奈何哉？子墨子言曰：必立仪。言而毋仪，譬犹运钧之上，而立朝夕者也，是非利害之辨，不可得而明知也。故言必有三表。何谓三表？子墨子言曰：有本之者，有原之者，有用之者。于何本之？上本之于古者圣王之事；于何原之？下原察百姓耳目之实；于何用之？废以为刑政，观其中国家百姓人民之利。此所谓言有三表也。

然而今天下之士君子，或以命为有，盖尝尚观于圣王之事？古者桀之所乱，汤受而治之；纣之所乱，武王受而治之。此世未易，民未渝，在于桀、纣，则天下乱；在于汤、武，则天下治。岂可谓有命哉！

然而今天下之士君子，或以命为有，盖尝尚观于先王之书？先王之书，所以出国家、布施百姓者，宪也；先王之宪亦尝有曰："福不可请，而祸不可讳，敬无益、暴无伤者乎？"所以听狱制罪者，刑也；先王之刑亦尝有曰："福不可请，而祸不可讳，敬无益、暴无伤者乎？"所以整设师旅、进退师徒者，誓也；先王之誓亦尝有曰："福不可请，祸不可讳，敬无益、暴无伤者乎？"

是故子墨子言曰：吾当未盐，数天下之良书，不可尽计数，大方论数，而五者是也。今虽毋求执有命者之言，不必得，不亦可错乎？

今用执有命者之言，是覆天下之义。覆天下之义者，是立命者也，百姓之谇也。说百姓之谇者，是灭天下之人也。然则所为欲义在上者，何也？曰：义人在上，天下必治，上帝、山川、鬼神，必有干主，万民被其大利。何以知之？子墨子曰：古者汤封于亳，绝长继短，方地百里，与其百姓兼相爱，交相利，移则分，率其百姓以上尊天事鬼，是以天鬼富之，诸侯与之，百姓亲之，贤士归之，未殁其世而王天下，政诸侯。

昔者文王封于岐周，绝长继短，方地百里，与其百姓兼相爱，交相利则。是以近者安其政，远者归其德。闻文王者，皆起而趋之；罢不肖、股肱不利者，处而愿之，曰："奈何乎使文王之地及我，吾则吾利，岂不亦犹文王之民也哉！"是以天鬼富之，诸侯与之，百姓亲之，贤士归之。未殁其世而王天下，政诸侯。乡者言曰：义人在上，天下必治，上帝、山川、鬼神，必有干主，万民被其大利。吾用此知之。

是故古之圣王，发宪出令，设以为赏罚以劝贤。是以入则孝慈于亲戚，出则弟长于乡里，坐处有度，出入有节，男女有辨。是故使治官府，则不盗窃；守城，则不崩叛；君有难则死，出亡则送。此上之所赏，而百姓之所誉也。执有命者之言曰：上之所赏，命固且赏，非贤故赏也；上之所罚，命固且罚，不暴故罚也。是故入则不慈孝于亲戚，出则不弟长于乡里，坐处不度，出入无节，男女无辨。是故治官府，则盗窃；守城，则崩叛；君有难则不死，出亡则不送。此上之所罚，百姓之所非毁也。执有命者言曰：上之所罚，命固且罚，不暴故罚也；上之所赏，命固且赏，非贤故赏也。以此为君则不义，为臣则不忠，为父则不慈，为子则不孝，为兄则不良，为弟则不弟。而强执此者，此特凶言之所自生，而暴人之道也！

然则何以知命之为暴人之道？昔上世之穷民。贪于饮食，惰于从事，是以衣食之财不足，而饥寒冻馁之忧至；不知曰我罢不肖，从事不疾，必曰我命固且贫。昔上世暴王，不忍其耳目之淫，心涂之辟，不顺其亲戚，遂以亡失国家，倾覆社稷；不知曰我罢不肖，为政不善，必曰吾命固失之。于《仲虺之告》曰："我闻于夏人矫天命，布命于下。帝伐之恶，龚丧厥师。"此言汤之所以非桀之执有命也。于《太誓》曰："纣夷处，不肯事上帝鬼神，祸厥先神禔不祀，乃曰：'吾民有命。'无廖排漏，天亦纵弃之而弗葆。"此言武王所以非纣执有命也。

今用执有命者之言，则上不听治，下不从事。上不听治，则刑政乱；下不从事，则财用不足；上无以供粢盛酒醴祭祀上帝鬼神，下无以降绥天下贤可之士，外无以应待诸侯之宾客，内无以食饥衣寒，将养老弱。故命上不利于天，中不利于鬼，下不利于人。而强执此者，此特凶言之所自生，而暴人之道也！

是故子墨子言曰：今天下之士君子，忠实欲天下之富而恶其贫，欲天下之治而恶其乱，执有命者之言，不可不非。此天下之大害也。

墨子《天志·上》

子墨子言曰："今天下之士君子，知小而不知大。"何以知之？以其处家者知之。若处家得罪于家长，犹有邻家所避逃之；然且亲戚、兄弟、所知识，共相儆戒，皆曰："不可不戒矣！不可不慎矣！恶有处家而得罪于家长而可为也？"非独处家者为然，虽处国亦然。处国得罪于国君，犹有邻国所避逃之；然且亲戚、兄弟、所知识，共相儆戒，皆曰："不可不戒矣！不可不慎矣！谁亦有处国得罪于国君而可为也？"此有所避逃之者也，相儆戒犹若此其厚，况无所逃避之者，相儆戒岂不愈厚，然后可哉？且语言有之曰："焉而晏日焉而得罪，将恶避逃之？"曰："无所避逃之。"夫天，不可为林谷幽门无人，明必见之；然而天下之士君子之于天也，忽然不知以相儆戒。此我所以知天下士君子知小而不知大也。

然则天亦何欲何恶？天欲义而恶不义。然则率天下之百姓，以从事于义，则我乃为天之所欲也。我为天之所欲，天亦为我所欲。然则我何欲何恶？我欲福禄而恶祸祟。若我不为天之所欲，而为天之所不欲，然则我率天下之百姓，以从事于祸祟中也。然则何以知天之欲义而恶不义？曰：天下有义则生，无义则死；有义则富，无义则贫；有义则治，无义则乱。然则天欲其生而恶其死，欲其富而恶其贫，欲其治而恶其乱。此我所以知天欲义而恶不义也。

曰：且夫义者，政也。无从下之政上，必从上之政下。是故庶人竭力从事，未得次己而为政，有士政之；士竭力从事，未得次己而为政，有将军、大夫政之；将军、大夫竭力从事，未得次己而为政，有三公、诸侯政之；三公、诸侯竭力听治，未得次己而为政，有天子政之；天子未得次己而为政，有天政之。天子为政于三公、诸侯、士、庶人，天下之士君子固明知；天之为政于天子，天下百姓未得之明知也。故昔三代圣王禹、汤、文、武，欲以天之为政于天子，明说天下之百姓，故莫不牛羊，豢犬猪，洁为粢盛酒醴，以祭祀上帝鬼神，而求祈福于天。我未尝闻天下之所求祈福于天子者也，我所以知天之为政于天子者也。

故天子者，天下之穷贵也，天下之穷富也。故于富且贵者，当天意而不可不顺。顺天意者，兼相爱，交相利，必得赏；反天意者，别相恶，交相贼，必得罚。然则是谁顺天意而得赏者？谁反天意而得罚者？子墨子言曰："昔三代圣王禹、汤、文、武，此顺天意而得赏也；昔三代之暴王桀、纣、幽、厉，此反天意而得罚者也。"然则禹、汤、文、武，其得赏何以也？子墨子言曰："其事上尊天，中事鬼神，下爱人，故天意曰：'此之我所爱，兼而爱之；我所利，兼而利之。爱人者此为博焉，利人者此为厚焉。'故使贵为天子，富有天下，业万世子孙，传称其善，方施天下，至今称之，谓之圣王。"然则桀、纣、幽、厉，得其罚何以也。子墨子言曰："其事上诟天，中诟鬼，下贼人，故天意曰：'此之我所爱，别而恶之；我所利，交而贼之。恶人者，此为之博也；贱人者，此为之厚也。'故使不得终其寿，不殁其世，至今毁之，谓之暴王。"

然则何以知天之爱天下之百姓？以其兼而明之。何以知其兼而明之？以其兼而有之。何以知其兼而有之？以其兼而食焉。何以知其兼而食焉？四海之内，粒食之民，莫不牛羊，豢犬猪，洁为粢盛酒醴，以祭祀于上帝鬼神。天有邑人，何用弗爱也？且吾言杀一不辜者，必有一不祥。杀无辜者谁也？则人也。予之不祥者谁也？则天也。若以天为不爱天下之百姓,则何故以人与人相杀,而天予之不祥?此我所以知天之爱天下之百姓也。

顺天意者,义政也;反天意者,力政也。然义政将奈何哉?子墨子言曰:处大国不攻小国,处大家不篡小家,强者不劫弱,贵者不傲贱,多诈者不欺愚。此必上利于天,中利于鬼,下利于人。三利无所不利,故举天下美名加之,谓之圣王。力政者则与此异,言非此,行反此,犹倖驰也。处大国攻小国,处大家篡小家,强者劫弱,贵者傲贱,多诈欺愚。此上不利于天,中不利于鬼,下不利于人。三不利无所利,故举天下恶名加之,谓之暴王。

子墨子言曰:"我有天志,譬若轮人之有规,匠人之有矩。轮、匠执其规、矩,以度天下之方员,曰:'中者是也,不中者非也。'今天下之士君子之书,不可胜载,言语不可尽计,上说诸侯,下说列士,其于仁义,则大相远也。何以知之?曰:'我得天下之明法以度之。'"

老子五千言之作者及宗旨

汪容甫《老子考异》文所论精彻，兹全录之如下：

《史记·孔子世家》云："南宫敬叔与孔子俱适周问礼，盖见老子云。"《老庄申韩列传》云："孔子适周，问礼于老子。"按老子言行今见于曾子问者凡四。是孔子之所从学者可信也。夫助葬而遇日食，然且以见星为嫌，止柩以听变，其谨于礼也如是；至其书则曰："礼者忠信之薄，而乱之首也。"下殇之葬，称引周召史佚，其尊信前哲也如是；而其书则曰："圣人不死，大盗不止。"彼此乖违甚矣！故郑注谓古寿考者之称，黄东发《日钞》亦疑之，而皆无以辅其说。其疑一也。

本传云："老子楚苦县厉乡曲仁里人也。"又云："周守藏室之史也。"按周室既东，辛有入晋（《左传》昭二十年），司马适秦（太史公自序），史角在鲁（《吕氏春秋·当染篇》），王官之符，或流播于四方，列国之产，惟晋悼尝仕于周，其他固无闻焉。况楚之于周，声教中阻，又非鲁郑之比。且古之典籍旧闻，惟在瞽史，其人并世官宿业，羁旅无所置其身。其疑二也。

本传又云："老子，隐君子也。"身为王官，不可谓隐。其疑三也。

今按《列子》黄帝、说符二篇，凡三载列子与关尹子答问之语（《庄子·达生篇》与《列子·黄帝篇》文同，《吕氏春秋·审已篇》与《列子·说符篇》同）。而列子与郑子阳同时，见于本书。六国表："郑杀其相驷子阳"，在韩列侯二年，上距孔子之殁凡八十二年。关尹子之年世既可考而知，则为关尹著书之老子，其年亦从可知矣。

《文子·精诚篇》引老子曰："秦楚燕魏之歌，异传而皆乐。"按，燕终春秋之世，不通盟会。《精诚篇》称燕自文侯之后始与冠带之国（燕世家有两文公，武公子文公，《索隐》引《世本》作闵公，其事迹不见于《左氏春秋》，不得谓始与冠带之国。桓公子亦称文公，司马迁称其予车马金帛以至赵，约六国为纵，与文子所称时势正合）。文公元年上距孔子之殁凡百二十六年，老子以燕与秦楚魏并称，则老子已及见文公之始强矣。又魏之建国，上距孔子之殁凡七十五年，而老子以与三国齿，则老子已及见其侯矣。

《列子·黄帝篇》载老子教杨朱事（《庄子·寓言篇》文同，惟以朱作子居，今江东读朱如居，张湛注《列子》云："朱字子居，非也。"），杨朱篇禽子曰："以子之言问老聃关尹则子言当矣，以吾言问大禹墨翟，则吾言当矣。"然则朱固老子之弟子也。又云："端木叔者，子贡之世也。"又云："其死也，无瘗埋之资。"又云："禽滑厘曰，端木叔狂人也，辱其祖矣。段干生曰：'端木叔达人也，德过其祖矣。'"朱为老子之弟子，而及见子贡之孙之死,则朱所师之老子不得与孔子同时也。《说苑·政理篇》:"杨朱见梁主,言治天下如运诸掌。"梁之称王自惠王始,惠王元年上距孔子之殁凡百十八年;杨朱已及见其王,则朱所师事之老子其年世可知矣。本传云:"见周之衰,乃遂去,至关。"《抱朴子》以为散关,又以为函谷关。

按:散关远在岐州,秦函谷关在灵宝县,正当周适秦之道,关尹又与郑之列子相接,则以函谷为是。函谷之置,书无明文。当孔子之世,二崤犹在晋地,桃林之塞,詹瑕实守之。惟贾谊新书《过秦篇》云:"秦孝公据崤函之固。"则是旧有其地矣。秦自躁怀以后,数世中衰,至献公而始大,故《本纪》献公二十一年:"与晋战于石门,斩首六万。"二十三年:"与魏晋战少梁,虏其将公孙痤。"然则是关之置,在献公之世矣。由是言之,孔子所问礼者聃也,其人为周守藏室之史,言与行则曾子问所在者是也。

周太史儋见秦献公,《本纪》在献公十一年,去魏文侯之殁十三年,而老子之子宗为魏将封于段干(魏世家,安釐王四年魏将段干子请予秦南阳以和。国策,华军之战,魏不胜秦,明年将使段干崇割地而讲。六国表,秦昭王二十四年,白超击魏华阳军。按:是时上距孔子之卒,凡二百一十年),则为儋之子无疑。而言道德之意五千余言者,儋也。其入秦见献公,即去周至关之事。本传云:"或曰,儋即老子。"其言韪矣。

至孔子称老莱子,今见于太傅礼《卫将军文子篇》,《史记·仲尼弟子列传》亦载其说，而所云贫而乐者，与隐君子之文正合。老莱之为楚人，又见《汉书·艺文志》，盖即苦县厉乡曲仁里也。而老聃之为楚人，则又因老莱子而误，故本传老子语孔子"去子之骄色与多欲，态心与淫志"。而《庄子·外物篇》则曰，老莱子谓孔子"去汝躬矜与汝容知"。国策载老莱子教孔子语，《孔丛子·抗志篇》以为老莱子语子思，而《说苑·敬慎篇》则以为常枞教老子。（《吕氏春秋·慎大篇》，表商容之闾。高诱注，商容，殷之贤人，老子师也。商常容枞音近而误。淮南主术训，表商容之闾，注同。缪称训，老子学商容，是舌而知守柔矣。《吕氏春秋·离谓篇》，箕子商容以此穷。注，商容，纣时贤人，老子所从学也。）然则老莱子之称老子也旧矣。实则三人不相蒙也。若《庄子》载老聃之言，率原于道德之意，而《天道篇》载孔子西藏书于周室，尤误后人。"寓言十九"，固已自揭之矣。

容甫将《老子列传》中之主人分为三人，而以著五千文者为史儋，孔子问礼者为老聃，家于苦县者为老莱子。此种分析诚未必尽是，然实是近代考证学最秀美之著作。若试决其当否，宜先审其推论所本之事实，出自何处。

一，容甫不取《庄子》，以为"寓言十九，固自揭之"。按，《今本庄子》，实向秀、郭象所定之本（见《晋书·本传》），西晋前之庄子面目，今已不可得见，郭氏于此书之流行本，大为删刈。

《经典释文》卷一引之曰:"故郭子云,一曲之才,妄窜奇说,若阏奕意修之首,危言游凫子胥之篇,凡诸巧杂十分有三。"子玄非考订家,其所删削,全凭自己之理会可知也。《庄子》之成分既杂,今本面目之成立又甚后(说详下文释庄子节),则《庄子》一书本难引为史料。盖如是后人增益者,固不足据,如诚是自己所为,则"寓言十九,固自己揭之"也。《庄子》书中虽有与容甫说相反者,诚未足破之。

二,容甫引用《列子》文,《列子》固较《庄子》为可信耶?《列子》八篇之今本,亦成于魏晋时,不可谓其全伪,以其中收容有若干旧材料也。不可谓其不伪,以其编制润色增益出自后人也。《列子》书中所记人事,每每偶一覆核,顿见其谬者;今证老子时代,多取于此,诚未可以为定论。

然有一事足证汪说者,《史记》记老子七代孙假仕汉文朝,假定父子一世平均相差三十五年不为不多,老子犹不应上于周安王。安王元年,上距孔子之生犹百余年。且魏为诸侯在威烈王二十三年(西历前403),上距孔子之卒(前479)七十六年,若老子长于孔子者,老子之子焉得如此之后?又《庄子·天下篇》(《天下篇》之非寓言,当无异论),关尹老聃并举,关尹在前,老聃在后。关尹生年无可详考,然周故籍以及后人附会,无以之为在诸子中甚早者;关尹如此,老子可知。

《史记》记老子只四事:一,为周守藏史;二,孔子问礼;三,至关见关尹;四,子宗仕魏。此四事除问礼一事外,无不与儋合。

（儋为周史，儋入关见秦献公，儋如有子，以时代论恰可仕于魏。）容甫所分析宜若不误也。五千言所谈者，大略两端：一，道术；二，权谋。此两端实亦一事，道术即是权谋之扩充，权谋亦即道术之实用。"知其雄，守其雌，为天下谿；知其荣，守其辱，为天下谷"；"人皆取先，己独取后"云云者，固是道术之辞，亦即权谋之用。

五千言之意，最洞澈世故人情，世当战国，人识古今，全无主观之论，皆成深刻之言。"将欲取之，必故与之"；即荀息灭虢之策，阴谋之甚者也。"夫惟弗居，是以不去"；即所谓"精华既竭，蹇裳去之"者之廉也。故《韩非子》书中《解老》《喻老》两篇所释者，诚老子之本旨，谈道术乃其作用之背景，阴谋术数乃其处世之路也。"当其无有车之用"，实帝王之术。"国之利器，不可示人"；亦御下之方。至于柔弱胜刚强，无事取天下，则战国所托黄帝殷甲伊尹太公皆如此旨。并竞之世，以此取敌；并事一朝，以此自得。其言若抽象，若怪谲，其实乃皆人事之归纳，处世之方策。

《解老》以人间世释之，《喻老》以故事释之，皆最善释老者。王辅嗣敷衍旨要，固已不及；若后之侈为玄谈，曼衍以成长论，乃真无当于老子用世之学者矣。《史记》称汉文帝好黄老刑名。今观文帝行事，政持大体，令不扰民，节用节礼，除名除华，居平勃之上，以无用为用，介强藩之中，以柔弱克之，此非庸人多厚福，乃是帷幄有深谋也。

洛阳贾生，虽为斯公再传弟子，习于刑名，然年少气盛，侈言高论，以正朔服色动文帝，文帝安用此扰为？窦太后问辕固生老子何如，辕云："此家人言耳。"可见汉人于老子以为处世之论而已，初与侈谈道体者大不同，尤与神仙不相涉也。又当初为老学者曰黄老，黄者或云黄帝，或云黄生（例如夏曾佑说）。黄生汉人，不宜居老之上。而《汉志》列黄帝者四目，兵家举黄帝风后力牧者，又若与道家混。是黄老之黄，乃指黄帝，不必有异论。五千文中，固自言"以正治国，以奇用兵，以无事取天下"；则无为之论，权谋术数之方，在战国时代诚可合为一势者矣。

综上所说，约之如下：五千文非玄谈者，乃世事深刻归纳。在战国时代，全非显学。孔子孟子固未提及，即下至战国末，荀子非十二子，老氏关尹不与；韩非斥显学，绝五蠹，道家黄老不之及；仅仅《庄子·天下篇》一及之，然所举关尹之言乃若论道，所称老聃之言只是论事。《庄子·天下篇》之年代，盖差前乎荀卿，而入汉后或遭润色者（说别详）。

是战国末汉初之老学，应以韩子解喻两篇者为正；文帝之治为其用之效，合阴谋，括兵家，为其域之广。留侯黄石之传说，河上公之神话，皆就"守如处女，出如脱兔"之义敷衍之，进为人君治世之衡，退以其说为帝王师，斯乃汉初之黄老面目。史儋以其职业多识前言往行，处六百年之宗主国，丁世变之极殷（战国初年实中国之大变，顾亭林曾论之），其制五千言固为情理之甚可能者。

今人所谓"老奸巨猾"者，自始即号老矣。申韩刑名之学，本与老氏无冲突处，一谈其节，一振其纲，固可以刑名为用，以黄老为体矣。此老氏学最初之面目也。

"老学既黄"（戏为此词），初无须大变老氏旨也，盖以阴谋运筹帷幄之中，以权略术数决胜千里之外，人主之取老氏者本以此，则既黄而兵家权略皆人之，亦固其所。然黄帝实战国末汉初一最大神道，儒道方士神仙兵家法家皆托焉，太史公足迹所至，皆闻其神话之迹焉（见《五帝本纪·赞》）。则既黄而杂亦自然之势矣。

老学一变而杂神仙方士，神仙方士初与老氏绝不相涉也（白居易诗"玄元圣祖五千言，不言乐，不言仙，不言白日升青天"），神仙方士起于燕齐海上，太史公记之如此，本与邹鲁之儒学无涉，周郑三晋之道论（老子），官术（申韩），不相干。然神仙方术之说来自海滨，无世可纪，不得不比附显学以自重于当时。

战国末显学儒墨也（见《韩非子》），故秦始皇好神仙方士，乃东游，竟至邹峄山，聚诸生而议之。其后怒求神仙者之不成功，大坑术士，而扶苏谏曰："诸生皆诵法孔子，今上皆重法绳之，臣恐天下不安。"坑术士竟成坑儒，则当时术士自附于显学之儒可知。儒者在战国时，曾西流三晋，南行楚吴；入汉而微，仅齐鲁之故垒不失。文景时显学为黄老，于是神仙方士又附黄老，而修道养性长寿成丹各说皆与老子文成姻缘，淮南一书，示当时此种流势者不少。故神仙方士之入于道，时代为之，与本旨之自然演化无涉也。

武帝正儒者之统，行阴阳之教，老学遂微。汉初数十年之显学，虽式微于上，民间称号终不可息。且权柄刑名之论，深于世故者好取之，驭下者最便之，故宣帝犹贤黄老刑名，而薄儒术。

后世治国者纵惯以儒术为号，实每每阴用黄老申韩焉。又百家废后，自在民间离合，阴阳五行既已磅礴当世，道与各家不免借之为体，试观《七略》《汉志》论次诸子，无家不成杂家，非命之墨犹须顺四时而行（阴阳家说），其他可知矣。在此种民间混合中，老子之号自居一位，至于汉末而有黄巾道士，斯诚与汉初老学全不相涉也。

东汉以来，儒术凝结，端异者又清澈之思，王充仲长统论言于前，王弼、钟会注书于后，于是老氏之论复兴。然魏晋之老乃庄老，与汉初黄老绝不同。治国者黄老之事，玄谈者庄老之事。老庄之别，《天下篇》自言之，老乃世事洞明，而以深刻之方术驭之者；庄乃人情练达，终于感其无何奈何，遂"糊里糊涂以不了了之"者。

魏晋间人，大若看破世间红尘，与时俯仰，通其狂惑（如阮嗣宗），故亦卮言曼行，"以天下为沉浊不可与庄语"，此皆庄书所称。若老子则有积极要求，潜藏虽有之，却并非"不谴是非以与世俗处"者。干令升《晋纪·总论》云："学者以庄老为宗而绌六经"，不言老庄。太史公以庄释老，遂取庄书中不甚要各篇，当时儒道相绌之词，特标举之。甚不知庄生自有其旨。

魏晋人又以老释庄，而五千言文用世之意，于以微焉。例如何平叔者，安知陈张萧曹之术乎？乃亦侈为清谈，超机神而自比于犹龙，志存吴蜀，忘却肘腋之患，适得子房之反，运筹千里之外，决败帷幄之中矣。此种清谈决非老子之效用也。

老学之流变既如上述，若晋人葛洪神仙之说，魏人寇谦之符录之术，皆黄巾道士之支与裔，与老子绝无涉者。老莱子一人，孔子弟子列传既引之，大约汉世乃及战国所称孔子问礼之事每以老莱子当之，以老聃当之者，其别说也。孔子事迹后人附会极多，今惟折衷于《论语》，差为近情。《论语》未谈孔子问礼事，然记孔子适南时所受一切揶揄之言，如长沮桀溺、荷蓧丈人、接舆等等，而凤兮之叹流传尤多。

孔子至楚乃后来传说，无可考证，若厄陈蔡则系史实。苦为陈邑，孔子卒时陈亡于楚，则老莱子固可为孔子适陈蔡时所遇之隐君子，苦邑人亦可因陈亡而为楚人厉，之与莱在声音上同纽，或亦方言之异也。老莱子责孔子以"去汝躬矜与汝容知"之说，容有论事，则老莱亦楚狂一流之人；不然，亦当是凭借此类故事而生之传说，初无涉乎问礼。及老聃（或史儋）之学寝寝与显学之儒角逐，孔老时代相差不甚远，从老氏以绌儒学者，乃依旧闻而造新说，遂有问礼之论，此固是后人作化胡经之故智。六朝人可将老聃释迦合，战国末汉初人独不可将仲尼老聃合乎？

《论语》《孟子》《荀子》及《曲礼》《檀弓》诸篇，战国儒家史今存之材料也，其中固无一言及此，惟曾子问三言之。今观曾子《檀弓》问所记，皆礼之曲节，阴阳避忌之言，傅会掌故之语，诚不足当问礼之大事。明堂，戴记中，除《曲礼》数篇尚存若干战国材料外，几乎皆是汉博士著作或编辑，前人固已言其端矣。（太史公、班孟坚、卢植明指《王制》为汉文时博士作，甚显之中庸，亦载"今天下车同轨"及"载华狱而不重"之言。）

附记：韩文公已开始不信问礼事，原道云："老者曰，孔子吾师之弟子也，为孔子者习闻其说，乐其诞而自小也，亦曰吾师亦尝师之云尔。不惟举之于其口，而又笔之于其书。"然《史记》一书杂老学，非专为儒者。

儋聃为一人，儋聃亦为一语之方言变异。王船山曰："老聃亦曰太史儋，儋聃音盖相近。"毕沅曰："古瞻儋字通。《说文解字》有聃云：'耳曼也。'又有瞻字云：'垂耳也，南方瞻耳之国。'《大荒北经》《吕览》赡耳字并作儋。又《吕览》：老聃，字。《淮南王》书瞻、耳字皆作耽。《说文解字》有耽字云：'耳大垂也。'盖三字声义相同，故并借用之。"此确论也。儋聃既为一字之两书，孔子又安得于卒后百余年从在秦献公十一年入关之太史儋问礼乎？总而言之，果著五千文者有人可指当为史儋，果孔子适南又受揶揄，当为老莱子也。

上说或嫌头绪不甚清晰，兹更约述之。

一、老子五千言之作者为太史儋，儋既为老聃，后于孔子。此合汪、毕说。

二、儋聃虽一人，而老莱则另一人，莱厉或即一语之转。

三、孔子无问礼事，曾子问不可据。问礼说起于汉初年儒老之争。

四、始有孔子受老莱子揶揄之传说，后将老子代老莱。假定如此。

五、老子书在战国非显学，入汉然后风靡一世。

六、老庄根本有别，韩子书中《解老》《喻老》两篇，乃得老子书早年面目者。

《庄子》书最杂，须先分析篇章然后可述说指归，待于下篇中详辨之。

附录：老子《道德经》

第一章

道可道，非常道。名可名，非常名。无名天地之始；有名万物之母。故常无，欲以观其妙；常有，欲以观其徼。此两者，同出而异名，同谓之玄。玄之又玄，众妙之门。

第二章

天下皆知美之为美，斯恶已。皆知善之为善，斯不善已。有无相生，难易相成，长短相形，高下相盈，音声相和，前后相随。恒也。是以圣人处无为之事，行不言之教；万物作而弗始，生而弗有，为而弗恃，功成而不居。夫唯弗居，是以不去。

第三章

不尚贤，使民不争不贵难得之货，使民不为盗；不见可欲，使民心不乱。是以圣人之治，虚其心，实其腹，弱其志，强其骨。常使民无知无欲。使夫智者不敢为也。为无为，则无不治。

第四章

道冲，而用之或不盈。渊兮，似万物之宗；湛兮，似或存。吾不知谁之子，象帝之先。

第五章

天地不仁，以万物为刍狗；圣人不仁，以百姓为刍狗。天地之间，其犹橐钥乎。虚而不屈，动而愈出。多言数穷，不如守中。

第六章

谷神不死，是谓玄牝。玄牝之门，是谓天地根。帛系若存，用之不勤。

第七章

天长地久。天地所以能长且久者，以其不自生，故能长生。是以圣人后其身而身先；外其身而身存。非以其无私邪。故能成其私。

第八章

上善若水。水善利万物而不争，处众人之所恶，故几于道。居善地，心善渊，与善仁，言善信，政善治，事善能，动善时。夫唯不争，故无尤。

第九章

持而盈之，不如其已；揣而锐之，不可长保。金玉满堂，莫之能守；富贵而骄，自遗其咎。功遂身退，天之道也。

第十章

载营魄抱一，能无离乎。专气致柔，能如婴儿乎。涤除玄鉴，能如疵乎。爱国治民，能无为乎。天门开阖，能为雌乎。明白四达，能无知乎。

第十一章

三十辐，共一毂，当其无，有车之用。埏埴以为器，当其无，有器之用。凿户牖以为室，当其无，有室之用。故有之以为利，无之以为用。

第十二章

五色令人目盲；五音令人耳聋；五味令人口爽；驰骋畋猎，令人心发狂；难得之货，令人行妨。是以圣人为腹不为目，故去彼取此。

第十三章

宠辱若惊，贵大患若身。何谓宠辱若惊。宠为下，得之若惊，失之若惊，是谓宠辱若惊。何谓贵大患若身。吾所以有大患者，为吾有身，及吾无身，吾有何患。故贵以身为天下，若可寄天下；爱以身为天下，若可托天下。

第十四章

视之不见，名曰夷；听之不闻，名曰希；搏之不得，名曰微。此三者不可致诘，故混而为一。其上不皦，其下不昧。绳绳兮不可名，复归于物。是谓无状之状，无物之象，是谓惚恍。迎之不见其首，随之不见其后。执古之道，以御今之有。能知古始，是谓道纪。

第十五章

古之善为道者，微妙玄通，深不可识。夫唯不可识，故强为之容：豫兮若冬涉川；犹兮若畏四邻；俨兮其若客；涣兮其若凌释；敦兮其若朴；旷兮其若谷；混兮其若浊；澹兮其若海；飂兮若无止。孰能浊以静之徐清。孰能安以动之徐生。保此道者，不欲盈。夫唯不盈，故能蔽而新成。

第十六章

致虚极，守静笃。万物并作，吾以观复。夫物芸芸，各复归其根。归根曰静，静曰复命。复命曰常，知常曰明。不知常，妄作凶。知常容，容乃公，公乃全，全乃天，天乃道，道乃久，没身不殆。

第十七章

太上，不知有之；其次，亲而誉之；其次，畏之；其次，侮之。信不足焉，有不信焉。悠兮其贵言。功成事遂，百姓皆谓："我自然。"

第十八章

大道废，有仁义；智慧出，有大伪；六亲不和，有孝慈；国家昏乱，有忠臣。

第十九章

绝圣弃智，民利百倍；绝仁弃义，民复孝慈；绝巧弃利，盗贼无有。此三者以为文，不足。故令有所属：见素抱朴，少思寡欲，绝学无忧。

第二十章

唯之与阿，相去几何。之与恶，相去若何。人之所畏，不可不畏。荒兮，其未央哉。众人熙熙，如享太牢，如春登台。我独泊兮，其未兆；沌沌兮，如婴儿之未孩；儽儽兮，若无所归。众人皆有余，而我独若遗。我愚人之心也哉。俗人昭昭，我独昏昏。俗人察察，我独闷闷。众人皆有以，而我独顽且鄙。我独异于人，而贵食母。

第二十一章

孔德之容，惟道是从。道之为物，惟恍惟惚。惚兮恍兮，其中有象；恍兮惚兮，其中有物。窈兮冥兮，其中有精；其精甚真，其中有信。自今及古，其名不去，以阅众甫。吾何以知众甫之状哉。以此。

第二十二章

曲则全,枉则直,洼则盈,敝则新,少则得,多则惑。是以圣人抱一为天下式。不自见,故明;不自是,故彰;不自伐,故有功;不自矜,故长。夫唯不争,故天下莫能与之争。古之所谓"曲则全"者,岂虚言哉。诚全而归之。

第二十三章

希言自然。故飘风不终朝,骤雨不终日。孰为此者。天地。天地尚不能久,而况于人乎。故从事于道者,同于道;德者,同于德;失者,同于失。同于道者,道亦乐得之;同于德者,德亦乐得之;同于失者,失亦乐得之。信不足焉,有不信焉。

第二十四章

企者不立;跨者不行;自见者不明;自是者不彰;自伐者无功;自矜者不长。其在道也,曰:余食赘形。物或恶之,故有道者不处。

第二十五章

有物混成,先天地生。寂兮寥兮,独立而不改,周行而不殆,可以为天地母。吾不知其名，强字之曰道，强为之名曰大。大曰逝，逝曰远，远曰反。故道大，天大，地大，人亦大。域中有四大，而人居其一焉。人法地，地法天，天法道，道法自然。

第二十六章

重为轻根，静为躁君。是以君子终日行不离辎重。虽有荣观，燕处超然。奈何万乘之主，而以身轻天下。轻则失根，躁则失君。

第二十七章

善行无辙迹，善言无瑕谪；善数不用筹策；善闭无关楗而不可开，善结无绳约而不可解。是以圣人常善救人，故无弃人；常善救物，故无弃物。是谓袭明。故善人者，不善人之师；不善人者，善人之资。不贵其师，不爱其资，虽智大迷，是谓要妙。

第二十八章

知其雄，守其雌，为天下溪。为天下溪，常德不离，复归于婴儿。知其白，守其辱，为天下谷。为天下谷，常德乃足，复归于朴。知其白，守其黑，为天下式。为天下式，常德不忒，复归于无极。朴散则为器，圣人用之，则为官长，故大智不割。

第二十九章

将欲取天下而为之,吾见其不得已。天下神器,不可为也,不可执也。为者败之,执者失之。是以圣人无为,故无败;无执,故无失。夫物或行或随;或嘘或吹;或强或羸;或载或隳。是以圣人去甚,去奢,去泰。

第三十章

以道佐人主者,不以兵强天下。其事好远。师之所处,荆棘生焉。大军之后,必有凶年。善有果而已,不以取强。果而勿矜,果而勿伐,果而勿骄。果而不得已,果而勿强。物壮则老,是谓不道,不道早已。

第三十一章

夫兵者,不祥之器,物或恶之,故有道者不处。君子居则贵左,用兵则贵右。兵者不祥之器,非君子之器,不得已而用之,恬淡为上。胜而不美,而美之者,是乐杀人。夫乐杀人者,则不可得志于天下矣。吉事尚左,凶事尚右。偏将军居左,上将军居右,言以丧礼处之。杀人之众,以悲哀泣之,战胜以丧礼处之。

第三十二章

道常无名朴。虽小,天下莫能臣。侯王若能守之,万物将自宾。天地相合,以降甘露,民莫之令而自均。始制有名,名亦既有,夫亦将知止,知止可以不殆。譬道之在天下,犹川谷之于江海。

第三十三章

知人者智,自知者明。胜人者有力,自胜者强。知足者富。强行者有志。不失其所者久。死而不亡者寿。

第三十四章

大道泛兮,其可左右。万物恃之以生而不辞,功成而不有。衣养万物而不为主,可名于小;万物归焉而不为主,可名为大。以其终不自为大,故能成其大。

第三十五章

执大象,天下往。往而不害,安平泰。乐与饵,过客止。道之出口,淡乎其无味,视之不足见,听之不足闻,用之不足既。

第三十六章

将欲歙之，必故张之；将欲弱之，必故强之；将欲废之，必故兴之；将欲取之，必故与之。是谓微明。柔弱胜刚强。鱼不可脱于渊，国之利器不可以示人。

第三十七章

道常无为而无不为。侯王若能守之，万物将自化。化而欲作，吾将镇之以无名之朴。镇之以无名之朴，夫将不欲。不欲以静，天下将自正。

第三十八章

上德不德，是以有德；下德不失德，是以无德。上德无为而无以为；下德无为而有以为。上仁为之而无以为；上义为之而有以为。上礼为之而莫之应，则攘臂而扔之。故失道而后德，失德而后仁，失仁而后义，失义而后礼。夫礼者，忠信之薄，而乱之首。前识者，道之华，而愚之始。是以大丈夫处其厚，不居其薄；处其实，不居其华。故去彼取此。

第三十九章

昔之得一者：天得一以清；地得一以宁；神得一以灵；谷得一以生；侯得一以为天下正。其致之也，谓天无以清，将恐裂；地无以宁，将恐废；神无以灵，将恐歇；谷无以盈，将恐竭；万物无以生，将恐灭；侯王无以正，将恐蹶。故贵以贱为本，高以下为基。是以侯王自称孤、寡、不谷。此非以贱为本邪。非乎。故致誉无誉。是故不欲琭琭如玉，珞珞如石。

第四十章

反者道之动；弱者道之用。天下万物生于有，有生于无。

第四十一章

上士闻道，勤而行之；中士闻道，若存若亡；下士闻道，大笑之。不笑不足以为道。故建言有之：明道若昧；进道若退；夷道若纇；上德若谷；广德若不足；建德若偷；质真若渝；大白若辱；大方无隅；大器晚成；大音希声；大象无形；道隐无名。夫唯道，善贷且成。

第四十二章

道生一，一生二，二生三，三生万物。万物负阴而抱阳，冲气以为和。人之所恶，唯孤、寡、不谷，而王公以为称。故物或损之而益，或益之而损。人之所教，我亦教之。强梁者不得其死，吾将以为教父。

第四十三章

天下之至柔，驰骋天下之至坚。无有入无间，吾是以知无为之有益。不言之教，无为之益，天下希及之。

第四十四章

名与身孰亲。身与货孰多。得与亡孰病。甚爱必大费；多藏必厚亡。故知足不辱，知止不殆，可以长久。

第四十五章

大成若缺，其用不弊。大盈若冲，其用不穷。大直若屈，大巧若拙，大辩若讷。静胜躁，寒胜热。清静为天下正。

第四十六章

天下有道，却走马以粪。天下无道，戎马生于郊。祸莫大于不知足；咎莫大于欲得。故知足之足，常足矣。

第四十七章

不出户，知天下；不窥牖，见天道。其出弥远，其知弥少。是以圣人不行而知，不见而明，不为而成。

第四十八章

为学日益，为道日损。损之又损，以至于无为。无为而无不为。取天下常以无事，及其有事，不足以取天下。

第四十九章

圣人常无心，以百姓心为心。善者，吾善之；不善者，吾亦善之；德善。信者，吾信之；不信者，吾亦信之；德信。圣人在天下，歙歙焉，为天下浑其心，百姓皆注其耳目，圣人皆孩之。

第五十章

出生入死。生之徒,十有三;死之徒,十有三;人之生,动之于死地,亦十有三。夫何故。以其生之厚。盖闻善摄生者,路行不遇兕虎,入军不被甲兵;兕无所投其角,虎无所用其爪,兵无所容其刃。夫何故。以其无死地。

第五十一章

道生之,德畜之,物形之,势成之。是以万物莫不尊道而贵德。道之尊,德之贵,夫莫之命而常自然。故道生之,德畜之;长之育之;成之熟之;养之覆之。生而不有,为而不恃,长而不宰。是谓玄德。

第五十二章

天下有始,以为天下母。既得其母,以知其子,复守其母,没身不殆。塞其兑,闭其门,终身不勤。开其兑,济其事,终身不救。见小曰明,守柔曰强。用其光,复归其明,无遗身殃;是为袭常。

第五十三章

使我介然有知,行于大道,唯施是畏。大道甚夷,而人好径。

朝甚除，田甚芜，仓甚虚；服文采，带利剑，厌饮食，财货有余；是为盗夸。非道也哉。

第五十四章

善建者不拔，善抱者不脱，子孙以祭祀不辍。修之于身，其德乃真；修之于家，其德乃余；修之于乡，其德乃长；修之于邦，其德乃丰；修之于天下，其德乃普。故以身观身，以家观家，以乡观乡，以邦观邦，以天下观天下。吾何以知天下然哉。以此。

第五十五章

含"德"之厚，比于赤子。毒虫不螫，猛兽不据，攫鸟不搏。骨弱筋柔而握固。未知牝牡之合而朘作，精之至也。终日号而不嗄，和之至也。知和曰"常"，知常曰"明"。益生曰祥。心使气曰强。物壮则老，谓之不道，不道早已。

第五十六章

知者不言，言者不知。挫其锐，解其纷，和其光，同其尘，是谓"玄同"。故不可得而亲，不可得而疏；不可得而利，不可得而害；不可得而贵，不可得而贱。故为天下贵。

第五十七章

以正治国,以奇用兵,以无事取天下。吾何以知其然哉。以此:天下多忌讳,而民弥贫;人多利器,国家滋昏;人多伎巧,奇物滋起;法令滋彰,盗贼多有。故圣人云:"我无为,而民自化;我好静,而民自正;我无事,而民自富;我无欲,而民自朴。"

第五十八章

其政闷闷,其民淳淳;其政察察,其民缺缺。是以圣人方而不割,廉而不刿,直而不肆,光而不耀。祸兮福之所倚,福兮祸之所伏。孰知其极。其无正也。正复为奇,善复为妖。人之迷,其日固久。

第五十九章

治人事天,莫若啬。夫唯啬,是谓早服;早服谓之重积德;重积德则无不克;无不克则莫知其极;莫知其极,可以有国;有国之母,可以长久;是谓深根固柢,长生久视之道。

第六十章

治大国,若烹小鲜。以道莅天下,其鬼不神;非其鬼不神,其神不伤人；非其神不伤人，圣人亦不伤人。夫两不相伤，故德交归焉。

第六十一章

大邦者下流，天下之牝，天下之交也。牝常以静胜牡，以静为下。故大邦以下小邦，则取小邦；小邦以下大邦，则取大邦。故或下以取，或下而取。大邦不过欲兼畜人，小邦不过欲入事人。夫两者各得所欲，大者宜为下。

第六十二章

道者万物之奥。善人之宝，不善人之所保。美言可以市尊，美行可以加人。人之不善，何弃之有。故立天子，置三公，虽有拱璧以先驷马，不如坐进此道。古之所以贵此道者何。不曰：求以得，有罪以免邪。故为天下贵。

第六十三章

为无为，事无事，味无味。图难于其易，为大于其细；天下难事，必作于易，天下大事，必作于细。是以圣人终不为大，故能成其大。夫轻诺必寡信，多易必多难。是以圣人犹难之，故终无难矣。

第六十四章

其安易持，其未兆易谋。其脆易泮，其微易散。为之于未有，治之于未乱。合抱之木，生于毫末；九层之台，起于累土；千里之行，始于足下。民之从事，常于几成而败之。慎终如始，则无败事。

第六十五章

古之善为道者，非以明民，将以愚之。民之难治，以其智多。故以智治国，国之贼；不以智治国，国之福。知此两者亦稽式。常知稽式，是谓"玄德"。"玄德"深矣，远矣，与物反矣，然后乃至大顺。

第六十六章

江海之所以能为百谷王者，以其善下之，故能为百谷王。是以圣人欲上民，必以言下之；欲先民，必以身后之。是以圣人处上而民不重，处前而民不害。是以天下乐推而不厌。以其不争，故天下莫能与之争。

第六十七章

天下皆谓我道大,似不肖。夫唯大,故似不肖。若肖,久矣其细也夫。我有三宝,持而保之。一曰慈,二曰俭,三曰不敢为天下先。慈故能勇;俭故能广;不敢为天下先,故能成器长。今舍慈且勇;舍俭且广;舍后且先;死矣。夫慈以战则胜,以守则固。天将救之,以慈卫之。

第六十八章

善为士者,不武;善战者,不怒;善胜敌者,不与;善用人者,为之下。是谓不争之德,是谓用人之力,是谓配天古之极。

第六十九章

用兵有言:"吾不敢为主,而为客;不敢进寸,而退尺。"是谓行无行;攘无臂;扔无敌;执无兵。祸莫大于轻敌,轻敌几丧吾宝。故抗兵相若,哀者胜矣。

第七十章

吾言甚易知,甚易行。天下莫能知,莫能行。言有宗,事有君。

夫唯无知,是以不我知。知我者希,则我者贵。是以圣人被褐而怀玉。

第七十一章

知不知,尚矣;不知知,病也。圣人不病,以其病病。夫唯病病,是以不病。

第七十二章

民不畏威,则大威至。无狎其所居,无厌其所生。夫唯不厌,是以不厌。是以圣人自知不自见;自爱不自贵。故去彼取此。

第七十三章

勇于敢则杀,勇于不敢则活。此两者,或利或害。天之所恶,孰知其故。天之道,不争而善胜,不言而善应,不召而自来,繟然而善谋。天网恢恢,疏而不失。

第七十四章

民不畏死,奈何以死惧之。若使民常畏死,而为奇者,吾得执而杀之,孰敢。常有司杀者杀。夫代司杀者杀,是谓代大匠斵,夫代大匠斲者，希有不伤其手矣。

第七十五章

民之饥，以其上食税之多，是以饥。民之难治，以其上之有为，是以难治。民之轻死，以其上求生之厚，是以轻死。夫唯无以生为者，是贤于贵生。

第七十六章

人之生也柔弱，其死也坚强。草木之生也柔脆，其死也枯槁。故坚强者死之徒，柔弱者生之徒。是以兵强则灭，木强则折。强大处下，柔弱处上。

第七十七章

天之道，其犹张弓欤。高者抑之，下者举之；有余者损之，不足者补之。天之道，损有余而补不足。人之道，则不然，损不足以奉有余。孰能有余以奉天下，唯有道者。是以圣人为而不恃，功成而不处，其不欲见贤。

第七十八章

天下莫柔弱于水,而攻坚强者莫之能胜,以其无以易之。弱之胜强,柔之胜刚,天下莫不知,莫能行。是以圣人云:"受国之垢,是谓社稷主;受国不祥,是为天下王。"正言若反。

第七十九章

和大怨,必有余怨;报怨以德,安可以为善。是以圣人执左契,而不责于人。有德司契,无德司彻。天道无亲,常与善人。

第八十章

小国寡民。使有什伯之器而不用;使民重死而不远徙。虽有舟舆,无所乘之,虽有甲兵,无所陈之。使民复结绳而用之。甘其食,美其服,安其居,乐其俗。邻国相望,鸡犬之声相闻,民至老死,不相往来。

第八十一章

信言不美,美言不信。善者不辩,辩者不善。知者不博,博者不知。圣人不积,既以为人己愈有,既以与人己愈多。天之道,利而不害;圣人之道,为而不争。

所谓"杂家"

《汉志》列杂家一门，其叙论曰："兼儒墨，合名法，知国体之有此，见王治之无不贯。"按，杂而曰家，本不词；但《吕览》既创此体，而淮南述之，东方朔等著论又全无一家之归，则兼儒墨合名法而成一家书之现象，在战国晚年已成一段史实。

《吕氏春秋》一书，即所谓八览六论十二纪之集合者，在思想上全没有一点创作，体裁乃是后来人类书故事集之祖。现在战国子家流传者，千不得一，而《吕览》取材之渊源，还有好些可以找到的。这样著书法在诸子的精神上是一种腐化，因为儒家果然可兼，名法果然可合，诸子果无不可贯的话，则诸子固已"挫其锐，解其纷，和其光，同其尘"了。稷下诸子不名一家，而各自著其书，义极相反；"府主"并存而不混之，故诸子各尽其长。

这个阳翟大贾的宾客，竟为吕氏做这么一部赝书，故异说各存其短。此体至淮南而更盛，而淮南书之矛盾乃愈多。因吕氏究竟不融化，尚不成一种系统论，孔墨并被称者，以其皆能得众，皆为后世荣之，德容所以并论者，以其兼为世主大人所乐听，此尚是超乎诸子之局外，立于世主大人之地位，而欣赏诸子者。若淮南书，则诸子局外之人，亦强入诸子之内，不复立于欣赏辩说之客者地位，而更求熔化得成一系统论。

《吕览》这部书在著书体裁上是个创作，盖前于《吕览》者，只闻著篇不闻著成系统之一书。虽慎子著十二论以齐物为始，仿佛像是一个系统论，但《慎子》残文见于《庄子》等书者甚少，我们无以见他的十二论究竟原始要终系统到什么地步。自吕氏而后，汉朝人著文，乃造系统，于是篇的观念进而为书的观念。淮南之书，子长之史，皆从此一线之体裁。

"吕氏""淮南"两书，自身都没有什么内含价值，然因其为"类书"，保存了不少的早年材料，所以现在至可贵。犹之乎《北堂书钞》《艺文类聚》《太平御览》等书，自身都是无价值的，其价值在其保存材料。《永乐大典》的编制法，尤其不像一部书，然古书为他保存了不少。

机祥之重兴与五行说之盛

中国古来和一切古国家一样，都是最重巫卜的。即如安阳殷墟出土卜辞数量之多，可知当时无事不卜。到了周世史官所职，仍以卜事为先。春秋战国时人民的理性大发达，卜事大废，而一切怪力乱神之说为学者所摈弃。乃战国晚年齐国又以他的民间迷信及他的哲学化的迷信——五行论——渐渐普遍中国，这些东西便是汉朝学问思想的一个开端。当时的明理之儒，对这些东西很愤恨的。《史记·荀子列传》："荀卿嫉浊世之政，亡国乱君相属，不遂大道，而营于巫祝，信机祥。"《荀子》书中有《非相》等篇，痛论这些物事。非十二子篇中排五行论，正是对这种风气而发，不过把造作五行论的罪加在子思孟轲身上，大约是冤枉他们俩了。

阴阳之教，五行之论，消息之说，封禅之事，虽由秦皇汉武之培植而更盛，然秦皇汉武也只是取当时民间的流行物而好尚之，不是有所创造。《汉志》中所录关于这一类的东西极多，不过现在都不存在，所以这一派在汉之极盛虽是一件显然的事实，而这些齐学之原由，除《史记·论邹衍》的一段外，竟无材料可考，我们只知道他是战国末年已成就的一种大风气罢了。

梁朝与稷下

　　战国时五光十色的学风，要有培植的所在，犹之乎奇花异树要有他们的田园。欧洲十七八世纪的异文异说，靠诸侯朝廷及世族之家的培养；十九世纪的异文异说，靠社会富足能养些著文卖书的人。战国时诸子，自也有他们的生业，他们正是依诸侯大族为活的。而最能培植这些风气的地方，一是梁朝，一是稷下。这正同于路易王李失路丞柏下之巴黎，伏里迭利二世之柏林，加特林后之彼得斯堡。

　　梁朝之盛，在于文侯之世。

　　（《史记·魏世家》）文侯之师田子方……文侯受子贡经艺，客段干木，过其闾，未尝不轼也。秦尝欲伐魏，或曰，魏君贤人是礼，国人称仁，上下和合，未可图也。文侯由此得誉于诸侯。

　　《汉志·儒家》有魏文侯六篇，早已佚。然《乐记》《吕览》《说苑新序》引魏文侯事语甚多，盖文侯实是战国时最以礼贤下士重师崇儒著闻者。《汉志·儒家》魏文侯六篇后又有李克七篇，班注云：

"子夏弟子,为魏文侯相。"子夏说教西河,是儒学西行一大关键。禽滑厘相传即于此受业。文侯朝中又有吴起,亦儒者曾参弟子。文侯卒,武侯立。文侯武侯时魏甚强。武侯卒,公孙缓与惠侯争立,几乎亡国。

惠王初年,魏尚强,陵厉韩赵,后乃削于齐楚,尤大困于秦,去安邑而徙大梁。《史记·魏世家》:"惠王数败于军旅,卑礼厚币,以招贤者,邹衍,淳于髡,孟轲,皆至梁。"惠侯卒(惠王之称王乃追谥,见《史记》),襄王立,更削于秦。卒,哀王立。哀王卒,昭王立,魏尤削于秦。昭王卒,安釐王立。是时魏以"一万乘之国……西面而事秦,称东藩,受冠带,祠春秋"。然以信陵君之用,存邯郸,却秦军,又"率五国兵攻秦,败之河内,走蒙骜"。自秦献孝东向以临诸侯之后,关东诸侯无此盛事。《韩非子·有度篇》以齐桓楚庄魏安釐之伯合称,魏安釐王必也是一个好文学者,不然他冢中不会有许多书。

(《晋书·束皙传》)初,太康二年,汲郡人不准盗发魏襄王墓,或言安釐王冢,得竹书数十车。其《纪年》十三篇,记夏以来至周幽王为犬戎所灭,以晋接之,三家分,仍述魏事,至安釐王之二十年。盖魏国史书。大略与《春秋》皆多相应。其中经传大异,则云:夏年多殷,益干启位,启杀之;太甲杀伊尹;文丁杀季历;自周受命至穆王百年,非穆王寿百岁也;幽王既亡,有共伯和者摄行天子事,非二相共和也。

其《易经》二篇与《周易》上下经同,《易繇阴阳卦》二篇,与《周易》略同，繇辞则异。《卦下易经》一篇，似说卦而异。《公孙段》二篇，公孙段与邵陟论易。《国语》三篇，言楚晋事。名三篇，似《礼记》，又似《尔雅》《论语》；《师春》一篇，书《左传》诸卜筮，师春似是造书者姓名也。《琐语》十一篇，诸国卜梦妖怪相书也。《梁丘藏》一篇，先叙魏之世数，次言丘藏金玉事。《缴书》二篇，论戈射法。《生封》一篇，帝王所封。《大历》二篇，邹子谈天类也。《穆天子传》五篇，言周穆王游行四海，见帝台、西王母。《图诗》一篇，画赞之属也。又杂书十九篇，《周食田法》《周书》《论楚事》《周穆王美人盛姬死事》。大凡七十五篇。七篇简书折坏，不识名题。冢中又得铜剑一枚，长二尺五寸。漆书皆科斗字。初发冢者烧策照取宝物，及官收之，多烬简断札。文既残缺，不复诠次。

烧策之余，尚有如许多书，恐怕当时诸侯不是人人这样好学罢？魏地入秦，大梁为墟（见《史记·魏世家赞》），历经楚汉，王侯易主，而梁朝在汉之盛犹以多文学贤士闻，梁地风气所流者远矣。

齐以其富更可以致天下贤士，炫于诸侯。《史记·孟荀列传》：

  自邹衍与齐之稷下先生，如淳于髡、慎到、环渊、接子、田骈邹奭之徒，各著书，言治乱之事，以干世主，岂可胜道哉？……自如淳于髡以下，皆命曰列大夫，为开第康庄之衢，高门大屋，尊宠之，览天下诸侯宾客，言齐能致天下贤士也。……田骈之属皆已死，齐襄王时，而荀卿最为老师。齐尚修列大夫之缺。而荀卿三为祭酒焉。

又《田完世家》：

宣王喜文学游说之士，自如邹衍淳髡，田骈、接子、慎到、环渊之徒，七十六人，皆赐列第，为上大夫，不治而议论。是以齐稷下复盛，且数百千人。（按：言复盛必其前曾盛，然《史记》无明文，不知是在威王时或在姜氏朝？）

战国中期方术文学之士闻名于后者，几乎皆是客游梁朝稷下之人（试以《汉志·诸子略》各家名称较之），可见这样朝廷与这样风气的关系。荀卿时，齐已一度亡于燕，尚修列大夫之缺，梁安釐王亦在四战之世，还都如此。

齐晋两派政论

一种政论之生不能离了他的地方人民性，是从古到今再显明没有的事情。例如放任经济论之起于英，十八世纪自由论之起于法，国家论及国家社会论起于德，所谓"拜金主义"者之极盛于美，都使我们觉得有那样土田，才生那样草木。中国在春秋战国间东西各部既通而未融，既混而未一，则各地政论之起，当因地域发生很不同的倾向，是自然的事。

战国时风气最相反的莫如齐秦，一以富著，一以强称，一则宽博，一则褊狭，一则上下靡乐，一则人民勇于公战，一则天下贤士皆归之，一则自孝公以来即燔灭诗书（见《韩非子·和氏篇》）。齐则上下行商贾之利，秦则一个纯粹的军国家，齐之不能变为秦，犹秦之难于变为齐。秦能灭齐而不能变其俗，秦地到了汉朝，为天下之都，一切之奢侈皆移于关中，而近秦之巴蜀，山铁之富甲于世间，然后其俗少变，然关西犹以出将著闻。（时谚，关东多相，关西多将。）在这样的差异之下，齐晋各有其不同的政治，亦即各有其政论是应该的。

但秦在缪公一度广大之后，连着几代不振作，即孝公令中所谓"厉躁简公出子之不宁"者。及献孝两世，然后又有大志于中国，而关东贤士，因秦地自然之俗而利导之，如卫鞅。不有关东贤士，无以启秦地之质，不有秦地之质，亦无以成关东贤士之用。此样政治之施用在秦，而作此样政论者则由三晋。

晋在初年亦全是一个军国家，和东方诸侯不同，和秦国历代姻戚，边疆密迩，同俗之处想必甚多。即如晋国最大之赵孟，本是秦之同宗，晋之大夫出奔，每至于秦。晋在后来既强大，且富庶，渐失其早年军国的实在。既分为三之后，只有赵国尚保持早年的武力；韩魏地当中国，无土可启（魏始有上郡，后割于秦，遂失边境），有中土之侈靡可学，遂为弱国。在不能开富不能启土范围之内，想把国家弄得强且固，于是造成一种官术论，即所谓申子之学，而最能实行这些官术论者，仍然是秦。

所以战国时的政治论，略去小者不言，大别有东西两派。齐为东派，书之存于后者有管子晏子。这个政论的重要题目，是：如何用富而使人民安乐，如何行权而由政府得利，如何以富庶致民之道德，如何以富庶戒士卒之勇敢，如何富而不侈，如何庶而不淫。

《管子》书中论政全是以经济为政治论，《晏子》书论政全是以杜大国淫侈为政体论。返观韩魏官术之论，及其行于秦国之迹，则全不是这些话。富国之术，只谈到使民务本事，而痛抑商贾之操纵，执法立信，信赏必罚，"罚九赏一"，"燔灭诗书"，重督责而绝五蠹（《商君书》作六虱）。盖既富之国，应用其富，而经济政策为先（齐）；既衰之国，应强其政，而刑名之用为大（韩魏）；新兴之国，应成一种力大而易使之民俗，以为兼并之资，而所谓商君之法者以兴。这便是《管子》《晏子》书对于商君、韩非书绝然不同的原因。

管晏商韩四部书都很驳杂，须待下篇论诸子分析时详说，此处但举齐学晋论几个重要分素。

齐学《管子》书没有一个字能是管子写的，最早不过是战国中年的著作，其中恐怕有好些是汉朝的东西。今姑以太史公所见几篇为例，牧民山高乘马轻重之旨要，太史公约之云：

管仲既任相齐，以区区之齐在海滨，通货积财，富国强兵，与俗同好恶。故其称曰，"仓廪实而知礼节，衣食足而知荣辱，上服度则六亲固，四维不张国乃灭亡。下令如流水之原，令顺民心。"故论卑而易行。俗之所欲，因而与之，俗之所否，因而去之。其为政也，善因祸而为福，转败而为功。贵轻重，慎权衡。桓公实怒少姬，南袭蔡，管仲因而伐楚，责包茅不入贡于周室。桓公实北征由戎，而管仲因而令燕修召公之政。于柯之会，桓公欲背曹沫之约，管仲因而信之。诸侯由是归齐。故曰：知"与之为取"，政之宝也。

轻重权衡《管子》书中言之极详，现在不举例。《管子》书中义，谲中有正，变中有常，言大而夸，极多绝不切实用者，如《轻重·戊》一段，思将天下买得大乱，而齐取之；齐虽富，焉能这样？

这固全是齐人的风气。然其要旨皆归于开富源以成民德，治民对邻，皆取一种适宜的经济政策。《晏子》书文采甚高，陈义除贬孔丘外，皆与儒家义无相左处。齐人好谏，好以讽辞为谏，晏子实淳于髡所慕而为其隐语讽辞者（见《史记》），齐人后来且以三百篇为谏书。

三晋论齐虽那样富，"泱泱乎大国风"，但其人所见颇鄙，大有据苴莱而小天下之意。孟子每言齐人所见不广，妄以自己所有为天下先，如云，"子诚齐人也，知管仲晏子而已矣！"若晋则以密迩东西周之故，可比齐人多知道天下之大，历史之长，又以历为百余年中国伯主，新旧献典，必更有些制作，故三晋政论当不如齐国之陋，然又未免于论术多而论政少，或竟以术为政。关于刑名之学之所起，《淮南要略》说得很好。

申子者，韩昭侯之佐。韩、晋之别国也。地激民险，而介于大国之间。晋国之故礼未灭，韩国之新法重出，先君之令未收，后君之令又下，新故相反，前后相缪，百官背乱，莫知所用；故刑名之书生焉。（此言亦见韩子《定法篇》，韩子书不出一人手，不知此言是谁抄谁者。）

申子刑名之学用于秦晋，用于汉世，此种官术自其小者言之，不过是些行政之规，持柄之要。申子书今虽不可见，然司马子长以为"申子卑卑施之于名实"。大约还没有很多的政治通论。不过由综核名实发轨，自然可成一种溥广的政论。所以韩子之学，虽许多出于名实之外；然"引绳墨，切事情"，亦即名实之推广；不必因狭广分申韩为二，两人亦皆是韩地的地道出产。申子书今佚，然故书所传申子昭侯事，颇有可引以证其作用者。

申子尝请仕其从兄，昭侯不许，申子有怨色。昭侯曰，"所为学于子者，欲以治国也。今将听子之谒，而废子之术乎？已其行子之术，而废子之请乎？子尝教寡人修功劳，视次第，今有所私求，我将奚听乎"？申子乃辟舍请罪，曰："君真其人也！"

昭侯有敝袴，命藏之。侍者曰："君亦不仁者矣！不赐左右而藏之。"昭侯曰："吾闻明王爱一颦一笑，颦有为颦，笑有为笑。今袴岂特颦笑哉？吾必待有功者！"（上两事见韩子《说苑》等，文从《通鉴》所引。）

《韩非子》的杂篇章多是些申申子之意者，但韩非政论之最精要处在《五蠹》《显学》两篇，这是一个有本有末的政论，不可仅把他看作是主张放弃儒墨文学侠士者。

显学已抄在前篇，《五蠹》文长，不录。

《商君书》纯是申韩一派中物，《靳令篇》言六虱，即韩子中五蠹之论。商君决不会著书，此书当是三晋人士，因商君之令而为之论。韩非子说家有其书，则托于商君之著书，战国末年已甚流行，韩非子议论从其出者不少。

我们现在可以申韩商君为一派，而以为其与齐学绝不同者，《韩非子》书中有显证。

（《定法》第四十三）问者曰："申不害公孙鞅，此二家之言孰急于国？"应之曰："是不可程也。人不食十日则死，大寒之隆，不衣亦死，论之衣食孰急于人，则是不可一无也，皆养生之具也。今申不害言术，而公孙鞅为法。术者，因任而授官，循名而责实，操杀生之柄，课群臣之能者也，此人主之所执也。法者，宪令著于官府，赏罚必于民心，赏存乎慎法，而罚加乎奸令者也，此臣之帅也。君无术则弊于上，臣无法则乱于下，此不可一无，皆帝王之具也。"

（同篇下文又云）二子之于法术，皆未尽善也。

（《难二》第三十七）景公过晏子，曰："子宫小，近市，请徙子家豫章之圃。"晏子再拜而辞曰："且婴家贫，待市食而朝暮趋之，不可以远。"景公笑曰："子家习市，识贵贱乎？"是时景公繁于刑。晏子对曰："踊贵而屦贱。"景公曰："何故？"对曰："刑多也。"景公造然变色曰："寡人其暴乎？"于是损刑五。或曰："晏子之贵踊，非其诚也，欲便辞以止多刑也，此不察治之患也。夫刑当，无多；不当，无少。无以不当闻，而以太多说，无术之患也。败军之诛以千百数，犹且不止，即治乱之刑如恐不胜，而奸尚不尽。今晏子不察其当否，而以太多为说，不亦妄乎？夫惜草茅者耗禾穗，惠盗贼者伤良民，今缓刑罚，行宽惠，是利奸邪而害善人也。此非所以为治也。

齐桓公饮酒，醉，遗其冠，耻之，三日不朝。管仲曰："此非有国之耻也。公胡不雪之以政？"公曰："善。"因发仓囷，赐贫穷，论囹圄，出薄罪。处三日而民歌之，曰："公乎，公平！胡不复遗其冠乎？"

或曰："管仲雪桓公之耻于小人，而生桓公之耻于君子矣！使桓公发仓囷而赐贫穷，论囹圄而出薄罪，非义也，不可以雪耻；使之而义也，桓公宿义须遗冠而后行之，则是桓公行义非为遗冠也；是虽雪遗冠之耻于小人，而亦遗义之耻于君子矣。且夫发囷仓而赐贫穷者，是赏无功也；论囹圄而出薄罪者，是不诛过也。夫赏无功则民偷，幸而望于上；不诛过则民不惩，而易为非。此乱之本也，岂可以雪耻哉？

按：上段必是当时流行《晏子·谏书》中一节，下段必是当时流行《管子》书中一节，所谓"因祸以为福，转败以为功"者，为韩子学者皆不取此等齐人政论。

今本管韩书中皆多引用老子文句处，《管子》在《汉志》中列入道家，而太史公以为申韩皆原于道德之义。按：此战国末年事，此是汉初年编辑此类篇章者加入之彩色，待下篇论诸子文籍分析时详说。

附：韩非子《五蠹》

上古之世，人民少而禽兽众，人民不胜禽兽虫蛇。有圣人作，构木为巢以避群害，而民悦之，使王天下，号曰有巢氏。民食果蓏蚌蛤，腥臊恶臭而伤害腹胃，民多疾病。有圣人作，钻燧取火以化腥臊，而民说之，使王天下，号之曰燧人氏。中古之世，天下大水，而鲧、禹决渎。近古之世，桀、纣暴乱，而汤、武征伐。今有构木钻燧于夏后氏之世者，必为鲧、禹笑矣；有决渎于殷、周之世者，必为汤、武笑矣。然则今有美尧、舜、汤、武、禹之道于当今之世者，必为新圣笑矣。是以圣人不期修古，不法常可，论世之事，因为之备。宋人有耕田者，田中有株，兔走触株，折颈而死，因释其耒而守株，冀复得兔，兔不可复得，而身为宋国笑。今欲以先王之政，治当世之民，皆守株之类也。

古者丈夫不耕，草木之实足食也；妇人不织，禽兽之皮足衣也。不事力而养足，人民少而财有余，故民不争。是以厚赏不行，重罚不用，而民自治。今人有五子不为多，子又有五子，大父未死而有二十五孙。是以人民众而货财寡，事力劳而供养薄，故民争，虽倍赏累罚而不免于乱。

尧之王天下也，茅茨不翦，采椽不斫，粝粢之食，藜藿之羹；

冬日麂裘，夏日葛衣；虽监门之服养，不亏于此矣。禹之王天下也，身执耒锸，以为民先，股无胈，胫不生毛，虽臣虏之劳，不苦于此矣。以是言之，夫古之让天子者，是去监门之养，而离臣虏之劳也，故传天下而不足多也。今之县令，一日身死，子孙累世絜驾，故人重之。是以人之于让也，轻辞古之天子，难去今之县令者，薄厚之实异也。

夫山居而谷汲者，膢、腊而相遗以水；泽居苦水者，买庸工而决窦。故饥岁之春，幼弟不饷；穰岁之秋，疏客必食。非疏骨肉爱过客也，多少之实异也。是以古之易财，非仁也，财多也；今之争夺，非鄙也，财寡也。轻辞天子，非高也，势薄也；争土橐，非下也，权重也。故圣人议多少、论薄厚为之政。故罚薄不为慈，诛严不为戾，称俗而行也。故事因于世，而备适于事。

古者文王处丰镐之间，地方百里，行仁义而怀西戎，遂王天下。徐偃王处汉东，地方五百里，行仁义，割地而朝者三十有六国。荆文王恐其害己也，举兵伐徐，遂灭之。故文王行仁义而王天下，偃王行仁义而丧其国，是仁义用于古不用于今也。故曰：世异则事异。

当舜之时，有苗不服，禹将伐之。舜曰："不可。上德不厚而行武，非道也。"乃修教三年，执干戚舞，有苗乃服。共工之战，铁铦短者及乎敌，铠甲不坚者伤乎体。是干戚用于古不用于今也。故曰：事异则备变。

上古竞于道德，中世逐于智谋，当今争于气力。

齐将攻鲁，鲁使子贡说之。齐人曰："子言非不辩也，吾所欲者土地也，非斯言所谓也。"遂举兵伐鲁，去门十里以为界。故偃王仁义而徐亡，子贡辩智而鲁削。以是言之，夫仁义辩智，非所以持国也。去偃王之仁，息子贡之智，循徐、鲁之力，使敌万乘，则齐、荆之欲不得行于二国矣。

夫古今异俗，新故异备。如欲以宽缓之政，治急世之民，犹无辔策而御駻马，此不知之患也。今儒、墨皆称先王兼爱天下，则视民如父母。何以明其然也？曰："司寇行刑，君为之不举；闻死刑之报，君为流涕。"此所举先王也。夫以君臣为如父子则必治，推是言之，是无乱父子也。人之情性，莫先于父母，皆见爱而未必治也，虽厚爱矣，奚遽不乱？今先王之爱民，不过父母之爱子，子未必不乱也，则民奚遽治哉？且夫以法行刑，而君为之流涕，此以效仁，非以为治也。夫垂泣不欲刑者，仁也；然而不可不刑者，法也。先王胜其法，不听其泣，则仁之不可以为治亦明矣。

且民者固服于势，寡能怀于义。仲尼，天下圣人也，修行明道以游海内，海内说其仁、美其义而为服役者七十人。盖贵仁者寡，能义者难也。故以天下之大，而为服役者七十人，而仁义者一人。鲁哀公，下主也，南面君国，境内之民莫敢不臣。民者固服于势，势诚易以服人，故仲尼反为臣而哀公顾为君。仲尼非怀其义，服其势也。故以义则仲尼不服于哀公，乘势则哀公臣仲尼。今学者之说人主也，不乘必胜之势，而务行仁义则可以王，是求人主之必及仲尼，而以世之凡民皆如列徒，此必不得之数也。

今有不才之子，父母怒之弗为改，乡人谯之弗为动，师长教之弗为变。夫以父母之爱、乡人之行、师长之智，三美加焉，而终不动，其胫毛不改。州部之吏操官兵、推公法,而求索奸人,然后恐惧,变其节,易其行矣。故父母之爱不足以教子,必待州部之严刑者,民固骄于爱、听于威矣。故十仞之城,楼季弗能逾者,峭也;千仞之山,跛牂,易牧者,夷也。故明王峭其法而严其刑也。布帛寻常,庸人不释;铄金百溢,盗跖不掇。不必害,则不释寻常;必害手,则不掇百溢。故明主必其诛也。是以赏莫如厚而信,使民利之;罚莫如重而必,使民畏之;法莫如一而固,使民知之。故主施赏不迁,行诛无赦。誉辅其赏,毁随其罚,则贤、不肖俱尽其力矣。

今则不然。以其有功也爵之,而卑其士官也;以其耕作也赏之,而少其家业也;以其不收也外之,而高其轻世也;以其犯禁也罪之,而多其有勇也。毁誉、赏罚之所加者,相与悖缪也,故法禁坏而民愈乱。今兄弟被侵,必攻者,廉也;知友被辱,随仇者,贞也。廉、贞之行成,而君上之法犯矣。人主尊贞、廉之行,而忘犯禁之罪,故民程于勇,而吏不能胜也。不事力而衣食,则谓之能;不战功而尊,则谓之贤。贤、能之行成,而兵弱而地荒矣。人主说贤、能之行,而忘兵弱地荒之祸,则私行立而公利灭矣。

儒以文乱法,侠以武犯禁,而人主兼礼之,此所以乱也。夫离法者罪,而诸先生,以文学取;犯禁者诛,而群侠以私剑养。故法之所非,君之所取;吏之所诛,上之所养也。法、趣、上、下,四相反也,而无所定,虽有十黄帝不能治也。故行仁义者非所誉,誉之则害功;文学者非所用,用之则乱法。楚之有直躬,其父窃羊,而谒之吏。令尹曰:"杀之!"以为直于君而曲于父,报而罪之。

以是观之，夫君之直臣，父之暴子也。鲁人从君战，三战三北。仲尼问其故，对曰："吾有老父，身死，莫之养也。"仲尼以为孝，举而上之。以是观之，夫父之孝子，君之背臣也。故令尹诛而楚奸不上闻，仲尼赏而鲁民易降北。上下之利，若是其异也，而人主兼举匹夫之行，而求致社稷之福，必不几矣。

　　古者苍颉之作书也，自环者谓之私，背私谓之公，公私之相背也，乃苍颉固以知之矣。今以为同利者，不察之患也，然则为匹夫计者，莫如修行义而习文学。行义修则见信，见信则受事；文学习则为明师，为明师则显荣：此匹夫之美也。然则无功而受事，无爵而显荣，为有政如此，则国必乱，主必危矣。故不相容之事，不两立也。斩敌者受赏，而高慈惠之行；拔城者受爵禄，而信廉爱之说；坚甲厉兵以备难，而美荐绅之饰；富国以农，距敌恃卒，而贵文学之士；废敬上畏法之民，而养游侠私剑之属。举行如此，治强不可得也。国平养儒侠，难至用介士，所利非所用，所用非所利。是故服事者，简其业，而于游学者日众，是世之所以乱也。

　　且世之所谓贤者，贞信之行也；所谓智者，微妙之言也。微妙之言，上智之所难知也。今为众人法，而以上智之所难知，则民无从识之矣。故糟糠不饱者不务粱肉，短褐，不完者不待文绣。夫治世之事，急者不得，则缓者非所务也。今所治之政，民间之事，夫妇所明知者不用，而慕上知之论，则其于治，反矣。故微妙之言，非民务也。若夫贤良贞信之行者，必将贵不欺之士；不欺之士者，亦无不欺之术也。布衣相与交，无富厚以相利，无威势以相惧也，故求不欺之士。今人主处制人之势，有一国之厚，重赏严诛，得操其柄，以修明术之所烛，虽有田常、子罕之臣，不敢欺也，奚待于不欺之士？今贞信之士不盈于十，而境内之官以百数，必任贞信之士，则人不足官，人不足官，则治者寡而乱者众矣。故明主之道，一法而不求智，固术而不慕信，故法不败，而群官无奸诈矣。

今人主之于言也，说其辩而不求其当焉；其用于行也，美其声而不责其功。是以天下之众，其谈言者务为辨而不周于用，故举先王、言仁义者人盈廷，而政不免于乱；行身者竞于为高而不合于功，故智士退处岩穴，归禄不受，而兵不免于弱，政不免于乱，此其故何也？民之所誉，上之所礼，乱国之术也。今境内之民皆言治，藏商、管之法、者家有之，而国愈贫，言耕者众，执耒者寡也；境内皆言兵，藏孙、吴之书者家有之，而兵愈弱，言战者多，被甲者少也。故明主用其力，不听其言；赏其功，必禁无用。故民尽死力以从其上。夫耕之用力也劳，而民为之者，曰：可得以富也。战之为事也危，而民为之者，曰：可得以贵也。今修文学，习言谈，则无耕之劳而有富之实，无战之危而有贵之尊，则人孰不为也？是以百人事智而一人用力。事智者众，则法败；用力者寡，则国贫：此世之所以乱也。

故明主之国，无书简之文，以法为教；无先王之语，以吏为师；无私剑之捍，以斩首为勇。是境内之民，其言谈者必轨于法，动作者归之于功，为勇者尽之于军。是故无事则国富，有事则兵强，此之谓王资。既畜王资而承敌国之衅，超五帝、侔齐三王者，必此法也。

今则不然，士民纵恣于内，言谈者为势于外，外内称恶，以待强敌，不亦殆乎！故群臣之言外事者，非有分于从衡之党，则有仇雠之忠，而借力于国也。从者，合众弱以攻一强也；而衡者，事一强以攻众弱也：皆非所以持国也。今人臣之言衡者，皆曰："不事大，则遇敌受祸矣。"事大未必有实，则举图而委，效玺而请兵矣。献图则地削，效玺则名卑，地削则国削，名卑则政乱矣。事大为衡，未见其利也，而亡地乱政矣。人臣之言从者，皆曰："不救小而伐大，则失天下，失天下则国危，国危而主卑。"救小未必有实，则起兵而敌大矣。救小未必能存，而伐大未必不有疏，有疏则为强国制矣。出兵则军败，退守则城拔。救小为从，未见其利，而亡地败军矣。是故事强，则以外权士官，做官于内；救小，则以内重求利于外。国利未立，封土厚禄至矣。主上虽卑，人臣尊矣；国地虽削，私家富矣。事成，则以权长重；事败，则以富退处。人主之听说于其臣，事未成则爵禄已尊矣；事败而弗诛，则游说之士孰不为用缯缴之说而侥幸其后，故破国亡主以听言谈者之浮说。此其故何也？是人君不明乎公私之利，不察当否之言，而诛罚不必其后也。皆曰："外事，大可以王，小可以安。"夫王者，能攻人者也；而安，则不可攻也。强，则能攻人者也；治，则不可攻也。治强不可责求于外，内政之有也。今不行法术于内，而事智于外，则不至于治强矣。

　　鄙谚曰："长袖善舞，多钱善贾。"此言多资之易为工也。故治强易为谋，弱乱难为计。故用于秦者，十变而谋希失；用于燕者，一变而计希得。非用于秦者必智，用于燕者必愚也，盖治乱之资异也。故周去秦为从，期年而举；卫离魏为衡，半岁而亡。是周灭于从，卫亡于衡也。使周、卫缓其从衡之计，而严其境内之治，明其法禁，必其赏罚，尽其地力以多其积，致其民死以坚其城守，天下得其地则其利少，攻其国则其伤大，万乘之国莫敢自顿于坚城之下，而使强敌裁其弊也，此必不亡之术也。舍必不亡之术而道必灭之事，治国者之过也。智困于内而政乱于外，则亡不可振也。

民之政，皆就安利如与辟危穷。今为之攻战，进则死于敌，退则死于诛，则危矣。弃私家之事而必汗马之劳，家困而上弗论，则穷矣。穷、危之所在也，民安得勿避？故事私门而完解舍，解舍完则远战，远战则安。行货赂而袭当涂者，则求得，求得则私安，私安则利之所在，安得勿就？是以公民少而私人众矣。

夫明王治国之政，使其商工游食之民少，而名卑以寡，趣本务而趋末作。今世近习之请行，则官爵可买；官爵可买，则商工不卑也矣。奸财、货贾得用于市，则商人不少矣。聚敛倍农而致尊过耕战之士，则耿介之士寡而商贾之民多矣。

是故乱国之俗：其学者，则称先王之道，以籍仁义、盛容服而饰辩说，以疑当世之法，而贰人主之心。其言古者，为设诈称，借于外力，以成其私，而遗社稷之利。其带剑者，聚徒属，立节操，以显其名，而犯五官之禁。其患御者，积于私门，尽货赂，而用重人之谒，退汗马之劳。其商工之民，修治苦窳之器，聚弗靡之财，蓄积待时，而侔农夫之利。此五者，邦之蠹也。人主不除此五蠹之民，不养耿介之士，则海内虽有破亡之国，削灭之朝，亦勿怪矣。

战国文籍中之篇式书体

一

譬如说，"《管子》书是假的"，这句话和说"《管子》书是真的"同样的有毛病。假如在后来历史观念作者观念大明之时，出了一部《管子》书；里面并不显然出来些管子的谥，桓公的谥，管子死后事，而题曰，"春秋时齐相颍川人管仲撰"，以问世，被人考核了一下子，原来是一部做了售世的书，这然后说，"这部书是假的"。若《管子》书中，引老子，引战国末年事，称桓公的谥法，称管仲的死后事，本是齐人托管子之功名而著之书，只是当时的一种文体，他自己先不曾说是真的，战国时也不会有题"齐相管仲撰"的事，又何劳我们答他曰"是假的"。

既有一个梁任公先生，硬说管子那个人做了《管子》那些书，便应该有人回答他说,管子不曾做了这些篇的一个字。说到这样好到这样。若进一步去说,管子书是假的,则先须假定战国时人已有精严的著者观念,先须假定战国时这些篇出来的时候上边写着"齐桓公相管仲撰"。这样假定当然是不可以的。

《管子》这部书现在所见的集合,乃是刘向的事,其中篇章是齐学之会集,书中直接称道管仲的篇章,在战国托于人而出来,也不过是自尸为管仲之学之后世,别人叙论他,也不过可说"慎轻重,贵权衡,因祸为福,古之道术有在于是者。齐人闻管仲之传说而悦之,作为……"果然我们充管仲晏子是假书一类话,则《国语》《论语》《孟子》《墨子》《庄子》等等无不是假书,因为《国语》当然不是孔子所称之左丘明写的,《论语》当然没有一个字是孔子写的,《孟子》书称梁惠王襄王之谥当然也是他的弟子记的。《墨子》中最墨子者,也劈头就说"子墨子言曰",中间又说"是以子墨子言曰"。《庄子》更是汉规人所集合,魏晋人所编印的。

那么,真书只剩了"吕览",还要减去月令了。若说这些书里有些真话,真材料,则我们又焉能保管晏书中没有一点真话,真材料,一初都是度的差别罢了。我们这样 adabsurdum 一看,可以确知我们切不可以后来人著书之观念论战国文籍。总而言之:

(1) 战国时"著作者"之观念不明了。

(2) 战国时记言书多不是说者自写,所托只是有远有近有切有不相干罢了。

(3) 战国书除《吕览》外,都只是些篇,没有成部的书。战国书之成部,是汉朝人集合的。

这层意思,我们反复说来好像不厌其详者,实因为了解战国文籍之成书性,是分析战国文籍的一个前提。

二 记言—著论—成书

著述脱离了官书的地步,而成私人著作,我们现在可见之最早者,是《论语》。《论语》是记言的。《论语》的体裁现在看了未免奇怪,除很少的几段记得较丰充以外,每一段话,只记几句,前无因,后无果。在我们现在固已不知春秋末年情景,其不懂得,犹可说,乃汉儒对于《论语》上的话,也有好些像是不懂得何所为而发的样子。且如"礼与其奢也宁俭,丧与其易也宁戚"一类的话,若不附带着"本事",不和"丧欲速贫,死欲速朽"发生同样的误会吗?(见《檀弓》)记言记到没头没尾,不附带口说便使人不懂得,而一经辗转,便生误会,决然不是一种妥当的记言法。

再试看《论语》中的言,每段常含蓄很多的意思,有时显出语长而所记者短的样子。且《论语》成书大约在曾子弟子时去孟子时已不远,孟子便是那样汪洋大论,虽说孟子是个"战国辩士",谈言微中与信口开河者不同,然孔子也是靠说话而做东西南北之人者,若他说的话都像《论语》所记那样子,恐怕他所专要见的公侯上大夫下大夫中,懂得他的真少啦!这样看来,《论语》成书时代,文书之物质尚难得,一段话只能写下个纲目,以备忘记,而详细处则凭口说。到了战国中年,文书的工具大便宜了,于是乎记长篇大论如《孟子》《庄子》书那样子的可能了遂由简约的记言进而为铺排的记言,更可成就设寓的记言。记言是战国文体的初步。《论语》《孟子》《庄子》中若干部分,《晏子》《管子》中若干部分,墨子书中的演说体,以及兼记事记言的《国语》都属于这一类。

但一段思想不必有机会言之而出,而假设的记言有时不信人,有时又大费事,于是乎舍去记言之体而据题抒论。《史记·吕不韦列传》,"是时诸侯多辩士,如荀卿之徒,著书布天下"。现在看荀卿的书,好些不是记言,而是据题为论者,这样著篇,实是记言之一变,由对语(dialogue)进而为单语(monologue)这样体裁,恐怕战国中期才有。现存战国末年书,如《商君书》《荀子》《韩非子》及《管子》之一部,大体上属于这一类。这是战国诸子文体演进之第二步。

著论虽已不是记言,但独立的论,仍然只有篇的观念,没有书的观念。战国晚年五德六数之义盛行,人们著书当趋于系统化。慎到著十二论(见《史记》),这个数目是很整齐的,而又以齐物为首(见《庄子·天下篇》),或者这是做全部书的开始。但我们现在不见慎子全书,不能作决定。而吕不韦之八览六论十二纪二十余万言,乃成一部全始要终的书,不是些散篇了。八览六论十二纪,六为秦之圣数,八则卦数,十二则记天之数,这三个数八、六、十二,也都是在当时有意义的整数。

这部吕氏真是中国第一部整书,以前只是些散篇而已。这个体裁虽始于战国末,然这样的系统著作尚非依傍大财力不可,故汉朝人之继续者,始有刘安,在体裁上《淮南子》是"青出于蓝而胜于蓝"的《吕氏春秋》。

太史公未必富,但有异常的精力,也许武帝时文书的物质更廉了,于是百三十篇又是一部要去贯天地人的通书。十表像天干,十二本纪像地支,书八章像八卦,三十世家取老子三十幅共一毂之语,七十列传之数亦取一个丰长的整数。从此以后,系统的著书乃更多,《周礼》之成书,一往整齐,卜筮如《太玄》,续子长者如《汉书》,乃至字书之《说文解字》,都在那里有始有终,托于系统哲学啦。

更把上文写成一表如下:

记言之书→成篇之书→系统之书		
(一)因受文书材料之限制但记一言之纲目者如《论语》 (二)丰长的记言如《孟子》 (三)托言如《庄子》 (四)故事之制作如《韩子说林》	由托言一变即成著论	由著论之相为终始即成一系之书

苏格拉底有语无文，犹之孔子时。柏拉图依师说散为无穷无尽之对语，对语亦记言。亚里士多德乃真著书。在中国一二百年中之变迁，在希腊则师生三代各代表之，这颇是一个文体进化的平行现象。

问曰：因文体之演进，文辞之内容会不会受影响的？答曰：这是不免的。文辞之由记言而著论，由著论而成书，是由自然的话语到了较不自然的断饰辞句。说话固可以抽象，然总不能忘了听的人之直接了解。说话固可以铺排，然总不能忘了听的人之捉摸得住。一经离了纯粹记言的地位，文法可以代语法，泛词可以代切词。战国子书中颇有不少白话，而《荀子》已是很简约的文言，《吕氏春秋》已有些无话说话的油腔滑调，人汉而著作者，便都是文言了。（此处用文言，乃如所谓 kunstsprache，与古文不同。）

附：《庄子·天下篇》

天下之治"方术"者多矣！皆以其"有为"不可加矣！古之所谓"道术"者果恶乎在？曰无乎不在。曰，神何由降？明何由出？圣有所生，王有所成，皆原于一。

不离于宗，谓之天人。不离于精，谓之神人。不离于真，谓之至人。以天为宗，以德为本，以道为门，兆于变化，谓之圣人。以仁为恩，以义为理，以礼为行，以乐为知，熏然慈仁，谓之君子。以法为分，以名为表，以参为验，以稽为决，其数一二三四是也。百官以此相齿。

古之人其备乎！配神明，醇天地，育万物，和天下，泽及百姓，明于本数，系于末度，六通四辟，小大精粗，其运无乎不在。其在于《诗》《书》《礼》《乐》者：邹鲁之士，缙绅先生多能明之。——《诗》以道志；《书》以道事；《礼》以道行；《乐》以道和；《易》以道阴阳；《春秋》以道名分。其数散于天下而设于中国者：百家之学，时或称而道之。

天下大乱，贤圣不明；道德不一，天下多得一察焉以自好。譬如耳目鼻口皆有所明不能相通；犹有家众技也皆有所长时有所用。虽然，不该不遍，一曲之士也。判天地之美，析万物之理，察古人之全，寡能备于天地之美，称神明之容。是故内圣外王之道，暗而不明，郁而不发；天下之人各为其所欲焉以自为方。悲夫！百家往而不反，必不合矣。后世之学者，不幸不见天地之纯，古人之大体，道术将为天下裂。

不侈于后世，不靡于万物，不晖于数度；以绳墨自矫而备世之急，古之道术有在于是者。墨翟、禽滑厘闻其风而说之，为之大过，已之大顺。作为"非乐"，命之曰"节用"。生不歌；死无服。墨子泛爱；兼利；而非斗，其道不怒；又好学而博，不异。不与先王同，毁古之礼乐；黄帝有咸池，尧有大章，舜有大韶，禹有大夏，汤有大护，文王有辟雍之乐，武王周公作武；古之丧礼，贵贱有仪，上下有等，天子棺椁七重，诸侯五重，大夫三重，士再重。今墨子独生不歌,死不服,桐棺三寸而无椁,以为法式。以此教人,恐不爱人;以此自行,固不爱己。

未败墨子道;虽然,歌而非歌,哭而非哭,乐而非乐,是果类乎?其生也勤其死也薄,其道大觳。使人忧,使人悲,其行难为也;恐其不可以为圣人之道。反天下之心,天下不堪。墨子虽独能任,奈天下何?离于天下,其去王也远矣!

墨子称道曰:"昔者禹之湮洪水决江河而通四夷九州也,名山三百,支川三千,小者无数。"禹亲自操橐耜而九杂天下之川;腓无胈,胫无毛;沐甚雨,栉疾风;置万国。禹,大圣也,而形劳天下也如此!使后世之墨者,多以裘褐为衣,以跂蹻为服,日夜不休,以自苦为极,曰:"不能如此,非禹之道也,不足为墨。"

相里勤之弟子五侯之徒;南方之墨者若获、已齿;邓陵子之属:俱诵《墨经》。而倍谲不同,相谓别墨;以坚白同异之辩相訾,以坚偶不仵之辞相应。以巨子为圣人,皆愿为之尸,冀得为其后世;至今不决。

墨翟、禽滑厘之意则是,其行则非也;将使后世之墨者必自苦以"腓无胈胫无毛"相进而已矣!乱之上也,治之下也。虽然,子真天下之好也!将求之不得也,虽枯槁不舍也。才士也夫!

不累于俗,不饰于物;不苟于人,不忮于众;愿天下之安宁以活民命;人我之养毕足而止;以此白心:古之道术有在于是者。宋钘、尹文闻其风而悦之,作为华山之冠以自表。接万物以别宥为始;语"心之容",命之曰"心之行"。以聏合欢,以调海内,请欲置之以为主。见侮不辱,救民之斗,禁攻寝兵,救世之战。以此周行天下,上说下教,虽天下不取,强聒而不舍者也,故曰"上下见厌而强见也。"

虽然,其为人太多,其自为太少,曰:"请欲固置五升之饭足矣。"先生恐不得饱,弟子虽饥,不忘天下,日夜不休,曰:"我必得活哉!"图傲乎救世之士哉!曰:"君子不为苛察,不以身假物。"以为无益于天下者,明之不如已也。以禁攻寝兵为外,以情欲寡浅为内。其小大精粗其行,适至是而止。

公而不当,易而无私;决然无主,趣物而不两;不顾于虑,不谋于知;于物无择,与之俱往:古之道术有在于是者。彭蒙、田骈、慎到闻其风而悦之,齐万物以为首——曰:"天能覆之而不能载之;地能载之而不能覆之;大道能包之而不能辩之;知万物皆有所可,有所不可。"

是故慎到弃知去己;而缘不得已,泠汰于物,以为道理。曰:"知不知,将薄知;而后邻伤之者也。"謑髁无任,而笑天下之尚贤也;纵脱无行,而非天下之大圣。椎拍辐断,与物宛转;舍是与非,敬可以免。不师知虑,不知前后,魏然而已矣。推而后行,曳而后往。若飘风之还;若羽之旋;若磨石之隧;全而无非。动静无过,未尝有罪。是何故?夫无知之物,无建己之患,无用知之累,动静不离于理;是以终身无誉。故曰:"至于若无知之物而已,无用贤圣。夫块不失道。"豪桀相与笑之,曰:"慎到之道,非生人之行,而至死人之理,适得怪焉。"

田骈亦然，学于彭蒙，得"不教"焉。彭蒙之师曰："古之道人，至于莫之是莫之非而已矣。"其风窢然，恶可而言？常反人，不见观，而不免于鲵断。其所谓道非道，而所言之韪不免于非；彭蒙田骈慎到不知道。虽然，概乎皆尝有闻者也。

以本为精，以物为粗；以有积为不足；澹然独与神明居，古之道术有在于是者。关尹、老聃闻其风而悦之，建之以"常无"，有主之以"太一"。以濡弱谦下为表；以空虚不毁万物为实。关尹曰："在己无居形物自著。其动若水，其静若镜，其应若响，芴乎若亡，寂乎若清。同焉者和，得焉者失。"未尝先人而常随人。老聃曰："知其雄，守其雌，为天下豁。知其白，守其辱，为天下谷。"人皆取先，己独取后。曰："受天下之垢。"人皆取实，己独取虚。"无藏也，故有余。"岿然而有余，其行身也徐而不费。""无为也而笑巧。"人皆求福，己独曲全。曰"苟免于咎"。以深为根，以约为纪。曰："坚则毁矣，锐则挫矣。"常宽容于物，不削于人。可谓至极，关尹、老聃乎，古之博大真人哉！

芴漠无形，变化无常。死与生与？天地并与？神明往与？芒乎何之？忽乎何适？万物毕罗，莫足以归：古之道术有在于是者。庄周闻其风而悦之，以谬悠之说，荒唐之言，无端崖之辞，时恣纵；而不傥不以觭见之也。以天下为沉浊，不可与庄语：——以卮言为曼衍；以重言为真；以寓言为广。独与天地精神往来，而不敖倪于万物；不谴是非，以与世俗处。其书虽瑰玮，而连犿无伤也；虽辞虽参差，而諔诡可观。彼其充实不可以已；上与造物者游，而下与外死生无终始者为友。其于本也，宏大而辟，深闳而肆；其于宗也，可谓稠适而上遂矣。虽然，其应于化而解于物也，其理不竭，其来不蜕；芒乎昧乎，未之尽者！

惠施多方；其书五车；其道舛驳；其言也不中。历物之意曰："至大无外，谓之大一；至小无内，谓之小一。"无厚不可积也，其大千里。天与地卑；山与泽平。日，方中方睨。物，方生方死。大同而与小同异之，此谓小同异。万物毕同毕异，此之谓大同异。南方无穷而有穷。今日适越而昔来。连环可解也。我知天下之中央，燕之北，越之南，是也。泛爱万物，天地一体也。惠施以此为大，观于天下而晓辩者；天下之辩者相与乐之。卵有毛。鸡三足。郢有天下。犬可以为羊。马有卵。丁子有尾。火不热。山出口。轮不蹍地。目不见。指不至。至不绝。龟长于蛇。矩不方。规不可以为圆。凿不围枘。飞鸟之景未尝动也。镞矢之疾，而有不行不止之时。狗非犬。黄马骊牛三。白狗黑。孤驹未尝有母。一尺之捶，日取其半，万世不竭。辩者以此与惠施相应，终身无穷。

桓团、公孙龙、辩者之徒；饰人之心，易人之意。能胜人之口，不能服人之心，辩者之囿也。

惠施日以其知与人之辩，特与天下之辩者为怪，此其柢也。然惠施之口谈，自以为最贤；曰："天地其壮乎！"施存雄而无术。南方有倚人焉曰黄缭，问天地所以不坠不陷风雨雷霆之故。惠施不辞而应，不虑而对，遍为万物说。说而不休，多而无已；犹以为寡，益之以怪。以反人为实，而欲以胜人为名，是以与众不适也。弱于德，强于物，其涂隩矣！由天地之道，观惠施之能，其犹一蚉一虻之劳者也。其于物也何庸？夫充一尚可曰愈；贵道几矣。惠施不能以此自宁，散于万物而不厌，卒以善辩为名。惜乎惠施之才，殆荡而不得，逐万物而不反；是穷响以声，形与影竞走也。悲夫！

预述周汉子家衔接之义

周汉诸子是一气，不能以秦为断，是一件再明显没有的事实。盖入秦而实行的政策如焚书，入汉而盛行的风气，如齐学之阴阳五行，如老子学，如黄帝各论，如神仙，如诸子的淆杂，无不在战国晚年看到一个端绪。而战国各种风气到了汉朝，差不多还都有后世，如儒墨，如名法，如辩士之好尚，乃至纵横，应该是随分裂之歇息而止的了，却反不然，直到武帝朝主父偃尚为纵横长短之术。

盖诸子学风气之转移在汉武帝时，武帝前虽汉家天下已七八十年，仍是由战国风流而渐变，武帝以后，乃纯入一新局面。果然以秦为断，在诸子学，在文籍学，乃至在文词学，都讲不通的。不过做文学史的讲义时，不能不迁就时代，所以此论以战国为限者，只为编书之方便，并非史实之真相。

附记：此篇必须与下篇"战国诸子文籍分析"参看，方得持论之义。

下篇

《史记》研究参考品类

《史记》一部书之值得研究处，大致可分为四个意义。

第一，《史记》是读古书治古学的门径，我们读汉武帝以前之遗文，没有一书不用把他来作参考。他自己既是一部金声玉振的集大成书，又是一部很有别择力的书，更是一部能够多见阙疑，并存异说的书，且是汉武帝时代的一部书，还没有被着后来治古文学者一套的"响壁虚造"之空气，虽然为刘子骏等改了又改，确已引行了很多"响壁虚造"去，究竟因矛盾可见其增改，又已早为刘申受等所识破。在恰好的时代，以壮大的才力，写了这一部集合他当年所及见一切书的书，在现在竟作了我们治古学之入门了。

第二，《史记》研究可以为治古书之训练，将《史记》和经传子籍参校，可以做出许多有意义的工夫。且《史记》一书为后人补了又补，改了又改，因此出了许多考证学的问题，拿来试作若干，引人深思远想。

第三，太史公既有大综合力，以整齐异说，又有独到的创见，文词星历，综于一人，八书货殖诸传之作，竟合近代史体，非希腊罗马史学家所能比拟，所以在史学上建树一个不朽的华表，在文词上留给后人一个伟壮的制作，为《史记》研究《史记》，也真值得。

第四，《史记》作于汉武时，记事迄于天汉（考详后）。武帝时代正是中国文化史政治史上一个极重要的时代，有他这一部书，为当年若干事作含讥带讽的证据，我们借得不少知识。

然而《史记》不是容易研究的书，所有困难，大概可以别为三类：

第一，太史公书百三十篇，当他生时本未必已写定本，"既死后，其书稍出，宣帝时，迁外孙平通侯杨恽祖述其书，遂宣布焉"，而恽又遭戮，同产弃市。其后褚少孙等若干人补之，刘歆等若干人改之，杨终等删之，至于唐时，已经无数转改，现在竟成古籍中最紊乱者。

第二，太史公所据之书，现在无不成问题者，《世本》已佚，《战国策》是否原本，吴挚甫对之成一有价值之设论，《尚书》则今文各篇，现在惟凭附伪孔傅而行，而《左氏春秋》尤成莫大之纠纷，今只有互校互订，以长时间，略寻出若干端绪。

第三，《史记》一书之整理，需用若干专门知识，如语言学天文学等，必取资以考春秋左氏者，亦即是《史记》一书之问题，不仅辨章史事，考订章句而已。虽然工作之趣，在与困难奋斗时，不在怡然理顺之后，《史记》研究既有此价值，则冒此困难，毕竟值得。

如果想以一人之力，成《史记》之考订，是办不到的。幸而近代二百年中，学者对于《史记》中大节细事，解决不少，提议的问题尤多，如能集合之加以整理，益以新观点，所得已经不少。又八书中若干事，及匈奴大宛诸传之考实，巴黎沙万君于翻译时增甚多考释，极为有价值，而今古学之争，自刘逢禄至崔适，虽不免合着甚多"非尝异义，可怪之论"，究竟已经寻出好多东西来，这都是我们的凭借，且他地尚有若干学者，我们可以通函询问。

我们第一步自然是把《史记》从头到尾细读一遍，这是我们设这一课的第一个目的。第二步是找出若干问题，大家分别研究去。第三步，如果大家长期努力，或将《史记》一书中若干头绪，整理出不少来，共同写成一书，也是一番事业。

司马子长生世第一

《史记·太史公自序》因每人须备《史记》一部，故不抄录。

《汉书·司马迁传》仅录班氏抄完自序以后之文。

《魏志·王肃传》录一段

王国维：《太史公行年考》按自乾嘉时，孔氏庄氏以来之今文说，王氏俱不采。此等今文说诚有极可笑者，然亦有不可易者。王君既挟此成见，则论《史记》宜有所蔽，如"从孔安国问故"，"十岁读古文"等，为之空证纷纭矣。

附：《太史公自序》

昔在颛顼，命南正重以司天，北正黎以司地。唐虞之际，绍重黎之后，使复典之，至于夏商，故重黎氏世序天地。其在周，程伯休甫其后也。当周宣王时，失其守而为司马氏。司马氏世典周史。惠襄之间，司马氏去周适晋。晋中军随会奔秦，而司马氏入少梁。

自司马氏去周适晋，分散，或在卫，或在赵，或在秦。其在卫者，相中山。在赵者，以传剑论显，蒯聩其后也。在秦者名错，与张仪争论，于是惠王使错将伐蜀，遂拔，因而守之。错孙靳，事武安君白起。而少梁更名曰夏阳。靳与武安君坑赵长平军，还而与之俱赐死杜邮，葬于华池。靳孙昌，昌为秦主铁官，当始皇之时。蒯聩玄孙卬为武信君将而徇朝歌。诸侯之相王，王卬于殷。汉之伐楚，卬归汉，以其地为河内郡。昌生无泽，无泽为汉市长。无泽生喜，喜为五大夫，卒，皆葬高门。喜生谈，谈为太史公。

太史公学天官于唐都，受易于杨何，习道论于黄子。太史公仕于建元元封之间，愍学者之不达其意而师悖，乃论六家之要指曰：

易大传："天下一致而百虑，同归而殊途。"夫阴阳、儒、墨、名、法、道德，此务为治者也，直所从言之异路，有省不省耳。尝窃观阴阳之术，大祥而众忌讳，使人拘而多所畏；然其序四时之大顺，不可失也。儒者博而寡要，劳而少功，是以其事难尽从；然其序君臣父子之礼，列夫妇长幼之别，不可易也。墨者俭而难遵，是以其事不可遍循；然其强本节用，不可废也。法家严而少恩；然其正君臣上下之分，不可改矣。

名家使人俭而善失真；然其正名实，不可不察也。道家使人精神专一，动合无形，赡足万物。其为术也，因阴阳之大顺，采儒墨之善，撮名法之要，与时迁移，应物变化，立俗施事，无所不宜，指约而易操，事少而功多。儒者则不然。以为人主天下之仪表也，主倡而臣和，主先而臣随。如此则主劳而臣逸。至于大道之要，去健羡，绌聪明，释此而任术。夫神大用则竭，形大劳则敝。形神骚动，欲与天地长久，非所闻也。

夫阴阳四时、八位、十二度、二十四节各有教令，顺之者昌，逆之者不死则亡，未必然也，故曰"使人拘而多畏"。夫春生夏长，秋收冬藏，此天道之大经也，弗顺则无以为天下纲纪，故曰"四时之大顺，不可失也"。

夫儒者以六艺为法。六艺经传以千万数，累世不能通其学，当年不能究其礼，故曰"博而寡要，劳而少功"。若夫列君臣父子之礼，序夫妇长幼之别，虽百家弗能易也。

墨者亦尚尧舜道，言其德行曰："堂高三尺，土阶三等，茅茨不剪，采椽不刮。食土簋，啜土刑，粝粱之食，藜藿之羹。夏日葛衣，冬日鹿裘。"其送死，桐棺三寸，举音不尽其哀。教丧礼，必以此为万民之率。使天下法若此，则尊卑无别也。夫世异时移，事业不必同,故曰"俭而难遵"。要曰强本节用,则人给家足之道也。此墨子之所长,虽百长弗能废也。

法家不别亲疏,不殊贵贱,一断于法,则亲亲尊尊之恩绝矣。可以行一时之计,而不可长用也,故曰"严而少恩"。若尊主卑臣,明分职不得相逾越,虽百家弗能改也。

名家苛察缴绕,使人不得反其意,专决于名而失人情,故曰"使人俭而善失真"。若夫控名责实,参伍不失,此不可不察也。

道家无为,又曰无不为,其实易行,其辞难知。其术以虚无为本,以因循为用。无成势,无常形,故能究万物之情。不为物先,不为物后,故能为万物主。有法无法,因时为业;有度无度,因物与合。故曰"圣人不朽,时变是守。虚者道之常也,因者君之纲"也。群臣并至,使各自明也。其实中其声者谓之端,实不中其声者谓之窾。窾言不听,奸乃不生,贤不肖自分,白黑乃形。在所欲用耳,何事不成。乃合大道,混混冥冥。光耀天下,复反无名。凡人所生者神也,所托者形也。神大用则竭,形大劳则敝,形神离则死。死者不可复生,离者不可复反,故圣人重之。由是观之,神者生之本也,形者生之具也。不先定其神,而曰"我有以治天下",何由哉?

太史公既掌天官,不治民。有子曰迁。

迁生龙门,耕牧河山之阳。年十岁则诵古文。二十而南游江、淮,上会稽,探禹穴,阚九疑,浮于沅、湘;北涉汶、泗,讲业齐、鲁之都,观孔子之遗风,乡射邹、峄;厄困鄱、薛、彭城,过梁、楚以归。于是迁仕为郎中,奉使西征巴、蜀以南,南略邛、笮、昆明,还报命。

是岁天子始建汉家之封,而太史公留滞周南,不得与从事,故发愤且卒。而子迁适使反,见父于河洛之间。太史公执迁手而泣曰:"余先周室之太史也。自上世尝显功名于虞夏,典天官事。后世中衰,绝于予乎?汝复为太史,则续吾祖矣。今天子接千岁之统,封泰山,而余不得从行,是命也夫,命也夫!余死,汝必为太史;为太史,无忘吾所欲论著矣。且夫孝始于事亲,中于事君,终于立身。扬名于后世,以显父母,此孝之大者。夫天下称诵周公,言其能论歌文武之德,宣周邵之风,达太王王季之思虑,爰及公刘,以尊后稷也。幽厉之后,王道缺,礼乐衰,孔子修旧起废,论诗书,作春秋,则学者至今则之。自获麟以来四百有余岁,而诸侯相兼,史记放绝。今汉兴,海内一统,明主贤君忠臣死义之士,余为太史而弗论载,废天下之史文,余甚惧焉,汝其念哉!"迁俯首流涕曰:"小子不敏,请悉论先人所次旧闻,弗敢阙。"

卒三岁而迁为太史令,䌷史记石室金匮之书。五年而当太初元年,十一月甲子朔旦冬至,天历始改,建于明堂,诸神受纪。

太史公曰:"先人有言:'自周公卒五百岁而有孔子。孔子卒后至于今五百岁,有能绍明世,正易传,继春秋,本诗书礼乐之际?'意在斯乎!意在斯乎!小子何敢让焉。"

上大夫壶遂曰:"昔孔子何为而作春秋哉?"太史公曰:"余闻董生曰:'周道衰废,孔子为鲁司寇,诸侯害之,大夫壅之。孔子知言之不用,道之不行也,是非二百四十二年之中,以为天下仪表，贬天子，退诸侯，讨大夫，以达王事而已矣。'子曰：'我欲载之空言，不如见之于行事之深切著明也。'夫春秋，上明三王之道，下辨人事之纪，别嫌疑，明是非，定犹豫，善善恶恶，贤贤贱不肖，存亡国，继绝世，补敝起废，王道之大者也。

易著天地阴阳四时五行，故长于变；礼经纪人伦，故长于行；书记先王之事，故长于政；诗记山川溪谷禽兽草木牝牡雌雄，故长于风；乐乐所以立，故长于和；春秋辩是非，故长于治人。是故礼以节人，乐以发和，书以道事，诗以达意，易以道化，春秋以道义。拨乱世反之正，莫近于春秋。春秋文成数万，其指数千。万物之散聚皆在春秋。

春秋之中，弑君三十六，亡国五十二，诸侯奔走不得保其社稷者不可胜数。察其所以，皆失其本已。故易曰'失之毫厘，差以千里'。故曰'臣弑君，子弑父，非一旦一夕之故也，其渐久矣'。故有国者不可以不知春秋，前有谗而弗见，后有贼而不知。为人臣者不可以不知春秋，守经事而不知其宜，遭变事而不知其权。为人君父而不通于春秋之义者，必蒙首恶之名。为人臣子而不通于春秋之义者，必陷篡弑之诛，死罪之名。其实皆以为善，为之不知其义，被之空言而不敢辞。夫不通礼义之旨，至于君不君，臣不臣，父不父，子不子。夫君不君则犯，臣不臣则诛，父不父则无道，子不子则不孝。此四行者，天下之大过也。以天下之大过予之，则受而弗敢辞。故春秋者，礼义之大宗也。夫礼禁未然之前，法施已然之后；法之所为用者易见，而礼之所为禁者难知。"

壶遂曰："孔子之时，上无明君，下不得任用，故作春秋，垂空文以断礼义，当一王之法。今夫子上遇明天子，下得守职，万事既具，咸各序其宜，夫子所论，欲以何明？"

太史公曰："唯唯，否否，不然。余闻之先人曰：'伏羲至纯厚，作易八卦。尧舜之盛，尚书载之，礼乐作焉。汤武之隆，诗人歌之。春秋采善贬恶，推三代之德，褒周室，非独刺讥而已也。'汉兴以来，至明天子，获符瑞，封禅，改正朔，易服色，受命于穆清，泽流罔极，海外殊俗，重译款塞，请来献见者，不可胜道。臣下百官力诵圣德，犹不能宣尽其意。且士贤能而不用，有国者之耻；主上明圣而德不布闻，有司之过也。且余尝掌其官，废明圣盛德不载，灭功臣世家贤大夫之业不述，堕先人所言，罪莫大焉。余所谓述故事，整齐其世传，非所谓作也，而君比之于春秋，谬矣。"

于是论次其文。七年而太史公遭李陵之祸，幽于缧绁。乃喟然而叹曰："是余之罪也夫！是余之罪也夫！身毁不用矣。"退而深惟曰："夫诗书隐约者，欲遂其志之思也。昔西伯拘羑里，演周易；孔子厄陈蔡，作春秋；屈原放逐，著离骚；左丘失明，厥有国语；孙子膑脚，而论兵法；不韦迁蜀，世传吕览；韩非囚秦，说难、孤愤；诗三百篇，大抵贤圣发愤之所为作也。此人皆意有所郁结，不得通其道也，故述往事，思来者。"于是卒述陶唐以来，至于麟止，自黄帝始。

维昔黄帝，法天则地，四圣遵序，各成法度；唐尧逊位，虞舜不台；厥美帝功，万世载之。作五帝本纪（第一）。

维禹之功，九州攸同，光唐虞际，德流苗裔；夏桀淫骄，乃放鸣条。作夏本纪（第二）。

维契作商，爰及成汤；太甲居桐，德盛阿衡；武丁得说，乃称高宗；帝辛湛湎，诸侯不享。作殷本纪（第三）。

维弃作稷，德盛西伯；武王牧野，实抚天下；幽厉昏乱，既丧酆镐；陵迟至赧；洛邑不祀。作周本纪（第四）。

维秦之先，伯翳佐禹；穆公思义，悼豪之旅；以人为殉，诗歌黄鸟；昭襄业帝。作秦本纪（第五）。

始皇既立，并兼六国，销锋铸镰，维偃干革，尊号称帝，矜武任力；二世受运，子婴降虏。作始皇本纪（第六）。

秦失其道，豪桀并扰；项梁业之，子羽接之；杀庆救赵，诸侯立之；诛婴背怀，天下非之。作项羽本纪（第七）。

子羽暴虐，汉行功德；愤发蜀汉，还定三秦；诛籍业帝，天下惟宁，改制易俗。作高祖本纪（第八）。

惠之早霣，诸吕不台；崇强禄、产，诸侯谋之；杀隐幽友，大臣洞疑，遂及宗祸。作吕太后本纪（第九）。

汉既初兴，继嗣不明，迎王践祚，天下归心；蠲除肉刑，开通关梁，广恩博施，厥称太宗。作孝文本纪（第十）。

诸侯骄恣，吴首为乱，京师行诛，七国伏辜，天下翕然，大安殷富。作孝景本纪（第十一）。

汉兴五世，隆在建元，外攘夷狄，内修法度，封禅，改正朔，易服色。作今上本纪（第十二）。

维三代尚矣，年纪不可考，盖取之谱牒旧闻，本于兹，于是略推，作三代世表（第一）。

幽厉之后，周室衰微，诸侯专政，春秋有所不纪；而谱牒经略，五霸更盛衰，欲睹周世相先后之意，作十二诸侯年表（第二）。

春秋之后，陪臣秉政，强国相王；以至于秦，卒并诸夏，灭封地，擅其号。作六国年表（第三）。

秦既暴虐，楚人发难，项氏遂乱，汉乃扶义征伐；八年之间，天下三嬗，事繁变众，故详著秦楚之际月表（第四）。

汉兴已来，至于太初百年，诸侯废立分削，谱纪不明，有司靡踵，强弱之原云以世。作汉兴已来诸侯年表（第五）。

维高祖元功，辅臣股肱，剖符而爵，泽流苗裔，忘其昭穆，或杀身陨国。作高祖功臣侯者年表（第六）。

惠景之间，维申功臣宗属爵邑，作惠景间侯者年表（第七）。

北讨强胡，南诛劲越，征伐夷蛮，武功爰列。作建元以来侯者年表（第八）。

诸侯既强，七国为从，子弟众多，无爵封邑，推恩行义，其势销弱，德归京师。作王子侯者年表（第九）。

国有贤相良将，民之师表也。维见汉兴以来将相名臣年表，贤者记其治，不贤者彰其事。作汉兴以来将相名臣年表（第十）。

维三代之礼，所损益各殊务，然要以近性情，通王道，故礼因人质为之节文，略协古今之变。作礼书（第一）。

乐者，所以移风易俗也。自雅颂声兴，则已好郑卫之音，郑卫之音所从来久矣。人情之所感，远俗则怀。比乐书以述来古，作乐书（第二）。

非兵不强，非德不昌，黄帝、汤、武以兴，桀、纣、二世以崩，可不慎欤？司马法所从来尚矣，太公、孙、吴、王子能绍而明之，切近世，极人变。作律书（第三）。

律居阴而治阳，历居阳而治阴，律历更相治，间不容翲忽。五家之文怫异，维太初之元论。作历书（第四）。

星气之书，多杂机祥，不经；推其文，考其应，不殊。比集论其行事，验于轨度以次，作天官书（第五）。

受命而王，封禅之符罕用，用则万灵罔不禋祀。追本诸神名山大川礼，作封禅书（第六）。

维禹浚川，九州攸宁；爰及宣防，决渎通沟。作河渠书（第七）。

维币之行，以通农商；其极则玩巧，并兼兹殖，争于机利，去本趋末。作平准书以观事变（第八）。

太伯避历，江蛮是适；文武攸兴，古公王迹。阖庐弑僚，宾服荆楚；夫差克齐，子胥鸱夷；信嚭亲越，吴国既灭。嘉伯之让，作吴世家（第一）。

申、吕肖矣，尚父侧微，卒归西伯，文武是师；功冠群公，缪权于幽；番番黄发，爰飨营丘。不背柯盟，桓公以昌，九合诸侯，霸功显彰。田阚争宠，姜姓解亡。嘉父之谋，作齐太公世家（第二）。

依之违之，周公绥之；愤发文德，天下和之；辅翼成王，诸侯宗周。隐桓之际，是独何哉？三桓争强，鲁乃不昌。嘉旦金縢，作周公世家（第三）。

　　武王克纣，天下未协而崩。成王既幼，管蔡疑之，淮夷叛之，于是召公率德，安集王室，以宁东土。燕之禅，乃成祸乱。嘉甘棠之诗，作燕世家（第四）。

　　管蔡相武庚，将宁旧商；及旦摄政，二叔不飨；杀鲜放度，周公为盟；大任十子，周以宗强。嘉仲悔过，作管蔡世家（第五）。

　　王后不绝，舜禹是说；维德休明，苗裔蒙烈。百世享祀，爰周陈杞，楚实灭之。齐田既起，舜何人哉？作陈杞世家（第六）。

　　收殷余民，叔封始邑，申以商乱，酒材是告，及朔之生，卫顷不宁；南子恶蒯聩，子父易名。周德卑微，战国既强，卫以小弱，角独后亡。喜彼康诰，作卫世家（第七）。

　　嗟箕子乎！嗟箕子乎！正言不用，乃反为奴。武庚既死，周封微子。襄公伤于泓，君子孰称。景公谦德，荧惑退行。剔成暴虐，宋乃灭亡。喜微子问太师，作宋世家（第八）。

　　武王既崩，叔虞邑唐。君子讥名，卒灭武公。骊姬之爱，乱者五世；重耳不得意，乃能成霸。六卿专权，晋国以秏。嘉文公锡圭鬯，作晋世家（第九）。

　　重黎业之，吴回接之；殷之季世，粥子牒之。周用熊绎，熊渠是续。庄王之贤，乃复国陈；既赦郑伯，班师华元。怀王客死，兰咎屈原；好谀信谗，楚并于秦。嘉庄王之义，作楚世家（第十）。

　　少康之子，实宾南海，文身断发，鼋鳝与处，既守封禹，奉禹之祀。句践困彼，乃用种、蠡。嘉句践夷蛮能修其德，灭强吴以尊周室，作越王句践世家（第十一）。

桓公之东，太史是庸。及侵周禾，王人是议。祭仲要盟，郑久不昌。子产之仁，绍世称贤。三晋侵伐，郑纳于韩。嘉厉公纳惠王，作郑世家（第十二）。

维骥骡耳，乃章造父。赵夙事献，衰续厥绪。佐文尊王，卒为晋辅。襄子困辱，乃禽智伯。主父生缚，饿死探爵。王迁辟淫，良将是斥。嘉鞅讨周乱，作赵世家（第十三）。

毕万爵魏，卜人知之。及绛戮干，戎翟和之。文侯慕义，子夏师之。惠王自矜，齐秦攻之。既疑信陵，诸侯罢之。卒亡大梁，王假厮之。嘉武佐晋文申霸道，作魏世家（第十四）。

韩厥阴德，赵武攸兴。绍绝立废，晋人宗之。昭侯显列，申子庸之。疑非不信，秦人袭之。嘉厥辅晋匡周天子之赋，作韩世家（第十五）。

完子避难，适齐为援，阴施五世，齐人歌之。成子得政，田和为侯。王建动心，乃迁于共。嘉威、宣能拨浊世而独宗周，作田敬仲完世家（第十六）。

周室既衰，诸侯恣行。仲尼悼礼废乐崩，追修经术，以达王道，匡乱世反之于正，见其文辞，为天下制仪法，垂六艺之统纪于后世。作孔子世家（第十七）。

桀、纣失其道而汤、武作，周失其道而春秋作。秦失其政，而陈涉发迹，诸侯作难，风起云蒸，卒亡秦族。天下之端，自涉发难。作陈涉世家（第十八）。

成皋之台，薄氏始基。诎意适代，厥崇诸窦。栗姬偩贵，王氏乃遂。陈后太骄，卒尊子夫。嘉夫德若斯，作外戚世家（第十九）。

汉既谲谋，禽信于陈；越荆剽轻，乃封弟交为楚王，爰都彭城，以强淮泗，为汉宗藩。戊溺于邪，礼复绍之。嘉游辅祖，作楚元王世家（第二十）。

维祖师旅，刘贾是与；为布所袭，丧其荆、吴。营陵激吕，乃王琅邪；怵午信齐，往而不归，遂西入关，遭立孝文，获复王燕。天下未集，贾、泽以族，为汉藩辅。作荆燕世家（第二十一）。

天下已平，亲属既寡；悼惠先壮，实镇东土。哀王擅兴，发怒诸吕，驷钧暴戾，京师弗许。厉之内淫，祸成主父。嘉肥股肱，作齐悼惠王世家（第二十二）。

楚人围我荥阳，相守三年；萧何填抚山西，推计踵兵，给粮食不绝，使百姓爱汉，不乐为楚。作萧相国世家（第二十三）。

与信定魏，破赵拔齐，遂弱楚人。续何相国，不变不革，黎庶攸宁。嘉参不伐功矜能，作曹相国世家（第二十四）。

运筹帷幄之中，制胜于无形，子房计谋其事，无知名，无勇功，图难于易，为大于细。作留侯世家（第二十五）。

六奇既用，诸侯宾从于汉；吕氏之事，平为本谋，终安宗庙，定社稷。作陈丞相世家（第二十六）。

诸吕为从，谋弱京师，而勃反经合于权；吴楚之兵，亚夫驻于昌邑，以厄齐赵，而出委以梁。作绛侯世家（第二十七）。

七国叛逆，蕃屏京师，唯梁为扞；偩爱矜功，几获于祸。嘉其能距吴楚，作梁孝王世家（第二十八）。

五宗既王，亲属洽和，诸侯大小为藩，爰得其宜，僭拟之事稍衰贬矣。作五宗世家（第二十九）。

三子之王，文辞可观。作三王世家（第三十）。

末世争利，维彼奔义；让国饿死，天下称之。作伯夷列传（第一）。

晏子俭矣，夷吾则奢；齐桓以霸，景公以治。作管晏列传（第二）。

李耳无为自化，清净自正；韩非揣事情，循势理。作老子韩非列传（第三）。

自古王者而有司马法，穰苴能申明之。作司马穰苴列传（第四）。

非信廉仁勇不能传兵论剑，与道同符，内可以治身，外可以应变，君子比德焉。作孙子吴起列传（第五）。

维建遇谗，爰及子奢，尚既匡父，伍员奔吴。作伍子胥列传（第六）。

孔氏述文，弟子兴业，咸为师傅，崇仁厉义。作仲尼弟子列传（第七）。

鞅去卫适秦，能明其术，强霸孝公，后世遵其法。作商君列传（第八）。

天下患衡秦毋餍，而苏子能存诸侯，约从以抑贪强。作苏秦列传（第九）。

六国既从亲，而张仪能明其说，复散解诸侯。作张仪列传

（第十）。

秦所以东攘雄诸侯，樗里、甘茂之策。作樗里甘茂列传（第十一）。

苞河山，围大梁，使诸侯敛手而事秦者，魏冄之功。作穰侯列传（第十二）。

南拔鄢郢，北摧长平，遂围邯郸，武安为率；破荆灭赵，王翦之计。作白起王翦列传（第十三）。

猎儒墨之遗文，明礼义之统纪，绝惠王利端，列往世兴衰。作孟子荀卿列传（第十四）。

好客喜士，士归于薛，为齐捍楚魏。作孟尝君列传（第十五）。

争冯亭以权，如楚以救邯郸之围，使其君复称于诸侯。作平原君虞卿列传（第十六）。

能以富贵下贫贱，贤能诎于不肖，唯信陵君为能行之。作魏公子列传（第十七）。

以身徇君，遂脱强秦，使驰说之士南乡走楚者，黄歇之义。作春申君列传（第十八）。

能忍詬于魏齐，而信威于强秦，推贤让位，二子有之。作范睢蔡泽列传（第十九）。

率行其谋，连五国兵，为弱燕报强齐之仇，雪其先君之耻。作乐毅列传（第二十）。

能信意强秦，而屈体廉子，用徇其君，俱重于诸侯。作廉颇蔺

— 215 —

相如列传(第二十一)。

湣王既失临淄而奔莒,唯田单用即墨破走骑劫,遂存齐社稷。作田单列传(第二十二)。

能设诡说解患于围城,轻爵禄,乐肆志。作鲁仲连邹阳列传(第二十三)。

作辞以讽谏,连类以争义,离骚有之。作屈原贾生列传(第二十四)。

结子楚亲,使诸侯之士斐然争入事秦。作吕不韦列传(第二十五)。

曹子匕首,鲁获其田,齐明其信;豫让义不为二心。作刺客列传(第二十六)。

能明其画,因时推秦,遂得意于海内,斯为谋首。作李斯列传(第二十七)。

为秦开地益众,北靡匈奴,据河为塞,因山为固,建榆中。作蒙恬列传(第二十八)。

填赵塞常山以广河内,弱楚权,明汉王之信于天下。作张耳陈余列传(第二十九)。

收西河、上党之兵,从至彭城;越之侵掠梁地以苦项羽。作魏豹彭越列传(第三十)。

以淮南叛楚归汉,汉用得大司马殷,卒破子羽于垓下。作黥布列传(第三十一)。

楚人迫我京索,而信拔魏赵,定燕齐,使汉三分天下有其二,以灭项籍。作淮阴侯列传（第三十二）。

楚汉相距巩洛，而韩信为填颍川，卢绾绝籍粮饷。作韩信卢绾列传（第三十三）。

诸侯畔项王，唯齐连子羽城阳，汉得以间遂入彭城。作田儋列传（第三十四）。

攻城野战，获功归报，哙、商有力焉，非独鞭策，又与之脱难。作樊郦列传（第三十五）。

汉既初定，文理未明，苍为主计，整齐度量，序律历。作张丞相列传（第三十六）。

结言通使，约怀诸侯；诸侯咸亲，归汉为藩辅。作郦生陆贾列传（第三十七）。

欲详知秦楚之事，维周緤常从高祖，平定诸侯。作傅靳蒯成列传（第三十八）。

徙强族，都关中，和约匈奴；明朝廷礼，次宗庙仪法。作刘敬叔孙通列传（第三十九）。

能摧刚作柔，卒为列臣；栾公不劫于势而倍死。作季布栾布列传（第四十）。

敢犯颜色以达主义，不顾其身，为国家树长画。作袁盎朝错列传（第四十一）。

守法不失大理，言古贤人，增主之明。作张释之冯唐列传（第四十二）。

敦厚慈孝，讷于言，敏于行，务在鞠躬，君子长者。作万石张叔列传（第四十三）。

守节切直，义足以言廉，行足以厉贤，任重权不可以非理挠。作田叔列传（第四十四）。

扁鹊言医，为方者宗，守数精明；后世序，弗能易也，而仓公可谓近之矣。作扁鹊仓公列传（第四十五）。

维仲之省，厥濞王吴，遭汉初定，以填抚江淮之间。作吴王濞列传（第四十六）。

吴楚为乱，宗属唯婴贤而喜士，士乡之，率师抗山东荥阳。作魏其武安列传（第四十七）。

智足以应近世之变，宽足用得人。作韩长孺列传（第四十八）。

勇于当敌，仁爱士卒，号令不烦，师徒乡之。作李将军列传（第四十九）。

自三代以来，匈奴常为中国患害；欲知强弱之时，设备征讨，作匈奴列传（第五十）。

直曲塞，广河南，破祁连，通西国，靡北胡。作卫将军骠骑列传（第五十一）。

大臣宗室以侈靡相高，唯弘用节衣食为百吏先。作平津侯列传（第五十二）。

汉既平中国，而佗能集杨越以保南藩，纳贡职。作南越列传（第五十三）。

吴之叛逆，瓯人斩濞，葆守封禺为臣。作东越列传（第五十四）。

燕丹散乱辽间，满收其亡民，厥聚海东，以集真藩，葆塞为外臣。作朝鲜列传（第五十五）。

唐蒙使略通夜郎，而邛笮之君请为内臣受吏。作西南夷列传（第五十六）。

子虚之事，大人赋说，靡丽多夸，然其指风谏，归于无为。作司马相如列传（第五十七）。

黥布叛逆，子长国之，以填江淮之南，安剽楚庶民。作淮南衡山列传（第五十八）。

奉法循理之吏，不伐功矜能，百姓无称，亦无过行。作循吏列传（第五十九）。

正衣冠立于朝廷，而群臣莫敢言浮说，长孺矜焉；好荐人，称长者，壮有溉。作汲郑列传（第六十）。

自孔子卒，京师莫崇庠序，唯建元元狩之间，文辞粲如也。作儒林列传（第六十一）。

民倍本多巧，奸轨弄法，善人不能化，唯一切严削为能齐之。作酷吏列传（第六十二）。

汉既通使大夏，而西极远蛮，引领内乡，欲观中国。作大宛列传（第六十三）。

救人于厄，振人不赡，仁者有乎；不既信，不倍言，义者有取焉。作游侠列传（第六十四）。

夫事人君能说主耳目，和主颜色，而获亲近，非独色爱，能亦各有所长。作佞幸列传（第六十五）。

不流世俗，不争势利，上下无所凝滞，人莫之害，以道之用。作滑稽列传（第六十六）。

齐、楚、秦、赵为日者，各有俗所用。欲循观其大旨，作日者列传（第六十七）。

三王不同龟，四夷各异卜，然各以决吉凶。略阙其要，作龟策列传（第六十八）。

布衣匹夫之人，不害于政，不妨百姓，取与以时而息财富，智者有采焉。作货殖列传（第六十九）。

维我汉继五帝末流，接三代业。周道废，秦拨去古文，焚灭诗书，故明堂石室金匮玉版图籍散乱。于是汉兴，萧何次律令，韩信申军法，张苍为章程，叔孙通定礼仪，则文学彬彬稍进，诗书往往间出矣。自曹参荐盖公言黄老，而贾生、晁错明申、商，公孙弘以儒显，百年之间，天下遗文古事靡不毕集太史公。太史公仍父子相续纂其职。曰："于戏！余维先人尝掌斯事，显于唐虞，至于周，复典之，故司马氏世主天官。至于余乎，钦念哉！钦念哉！"罔罗天下放失旧闻，王迹所兴，原始察终，见盛观衰，论考之行事，略推三代，录秦汉，上记轩辕，下至于兹，著十二本纪，既科条之矣。并时异世，年差不明，作十表。礼乐损益，律历改易，兵权山川鬼神，天人之际，承敝通变，作八书。二十八宿环北辰，三十辐共一毂，运行无穷，辅拂股肱之臣配焉，忠信行道，以奉主上，作三十世家。扶义俶傥，不令己失时，立功名于天下，作七十列传。凡百三十篇，五十二万六千五百字，为太史公书。序略，以拾遗补阙，成一家之言,厥协六经异传,整齐百家杂语,藏之名山,副在京师,俟后世圣人君子(第七十)。

太史公曰:余述历黄帝以来至太初而讫,百三十篇。

太史良才,寔纂先德。周游历览,东西南北。事核词简,是称实录。报任投书,申李下狱。惜哉残缺,非才妄续!

老子申韩列传第三

老子者

《礼记·曾子问》郑注，"老聃者古寿考者之号也，与孔子同时"。老非氏非地，寿考者皆可称之，如今北方称"老头子"。儋，聃，老莱子，三名混而为一，恐正由此称之不为专名。

楚苦县厉乡曲仁里人也。

苦县之名始于何时，不可知。苦邑未必始于秦汉，然苦县之名容是秦灭楚为郡后改从秦制者也。楚称九县，仍是大名，郡县未分小大。（郡即君之邑，七国时关东亦封君，楚初称公如叶公，后亦称君，如春申君。至于县是否六国亦用之，待考。汉人书固有叙六国地称县者，然汉人每以当时之称称古，未可即据也。后来秦置守尉，郡存而君亡矣。郡县"悬附之义"乃封建之词，而后来竟成与封建相对之制。）

苦在汉属淮阳，淮阳时为国，时为郡。东汉改为陈郡，盖故陈地也。（见《汉书·地理志》陈分野节）《史记》十二诸侯年表，敬王四十一年，即鲁哀公十六年，楚惠王十年，陈湣公二十三年，楚灭陈，其年孔子卒。故如老子是楚人，则老子乃战国人，不当与孔子同时，老子如与孔子同时，乃苦之老子，非楚人也。又汉人称楚每括故楚诸郡，不专指彭城等七县，太史公盖以汉之楚称加诸春秋末战国初人耳。

姓李氏

案姓氏之别，在春秋末未泯，战国末始大乱，说详顾亭林《原姓篇·论世本》一节中当详引之。太史公心中是叙说一春秋末人，而曰姓某氏，盖姓氏之别，战国汉儒多未察，太史公有所谓轩辕氏高阳氏者，自近儒考证学之精辨衡之，疏陋多矣。（《论语》称夏曰夏后氏，称殷曰殷人，盖殷虽失王，有宋存焉，夏则无一线绍述之国，杞一别支而已，必当时列国大夫族氏中有自称出自夏后者，遂有夏后氏之称，"固与"夏氏甚不同义。如顾氏所考，王室国君均有姓无氏也。）

名耳，字伯阳，谥曰聃。

《史记》志疑二十七，"案：老子是号，生即皓然，故号老子（见三国葛孝先《道德经序》），耳其名（《神仙传》名重耳），聃其字（《吕览》"不二""重言"两篇作老耽），非字伯阳。字而曰谥者，读若王褒赋"谥为洞箫"之谥，非谥法也（说在《孟尝君传》）。盖伯阳父乃周幽王大夫，见《国语》，不得以老子当之。又《墨子·所染》《吕氏春秋·当染》并称舜染于许由伯阳，则别一人，并非幽王时之伯阳父。乃高诱注吕，于《当染篇》以伯阳为老子，舜师之（吕本意篇，尧舜得伯阳续耳也）；而于《重言》篇以老耽为论三川竭之伯阳，孔子师之（《周纪集解》引唐固亦云，伯阳甫老子也）；岂不谬哉？但《索隐》本作名耳字聃，无"伯阳谥曰"四字；与后书桓纪延熹八年注引史合。并引许慎云，聃，耳漫也，故名耳，字聃，有本字伯阳，非正。

老子号伯阳父，此传不称，则是后人惑于神仙家之传会，妄窜史文。隶释《老子铭》《神仙传》《抱朴子·杂应》；《唐书·宗室表》《通志·氏族略四》《路史·后纪七》，并仍其误耳。至《路史》载老子初名元禄（注谓出《集真录》），酉阳玉格言老子具三十六号，七十二名，又有九名，俱属荒怪，儒者所不道。案：梁说是也，惟谓老子生即皓然，恐仍是魏晋以来神仙家之说，陆德明亦采此，盖唐代尊老子，此说在当时为定论矣。

孔子适周，将问礼于老子。

《孔子世家》云，"鲁南宫敬叔言鲁君曰，请与孔子适周，鲁君与之一乘车两马一竖子，俱适周，问礼，盖见老子云。辞去，而老子送之，曰'吾闻富贵者送人以财，仁人者送人以言。吾不能富贵，窃仁人之号，送子以言，曰，聪明深察而近于死者，好议人者也，博辩广大危其身者，发人之恶者也，为人臣者毋以有己，为人子者毋以有己'"。与此处所叙绝异。此盖道家绌儒学之言，彼乃儒家自认之说，故分存之也。孔子见老子否，说详后。

至关，关令尹喜曰，"子将隐矣，强为我著书。"

关尹老聃：《庄子·天下篇》并称之，盖一派也。其书在《汉志》所著录者久佚，今传本乃唐宋所为，宋濂以来，辩之已详。

莫知其所终。

此为后来化胡诸说所依据，太史公如此言，彼时道家已杂神仙矣（《淮南子》一书可见）。

或曰老莱子亦楚人也。

《庄子·外物篇》举孔子问礼事，即明称老莱子。

以其修道而养寿也。

黄老之学，原在阴谋术数及无为之论，杂神仙后始有此说。

自孔子死之后百二十九年，而史记周太史儋见秦献公。

此事见《周本纪》烈王二年，及《秦本纪》献公十一年，上溯孔子卒于敬王四十一年，为百有六年，与百二十九年之数不合。"故与秦国合"，谓西周时秦马蕃息拼渭间也。"离"，谓东周迁也。"离五百岁而复合"谓秦灭周也。"合七十岁而霸王者出"，霸王当指秦皇，然赧王之世，秦皇乃生，西周灭后，至秦皇立，恰十年，非七十年。此说在《史记》四见，《周纪》《秦纪》《封禅书》《老子传》，或作十七、或作七十、或作七十七。无论如何算，皆不合。恐实是十岁，两七字皆衍，或则谶语本不可确切求之也。

此所谓《史记》当是秦《史记》，彼时秦早有王天下之心，故箕子抱祭器适周之说，有拟之者矣。

或曰，儋即老子，或曰非也，世莫知其然否。老子，隐君子也。

子长时，老子传说必极复杂矛盾，子长能存疑，不能自决。（《孔子弟子列传》亦书两老子为孔子所严事者,此外尚有蘧伯玉、晏平仲、孟公绰、长弘、师襄、又是后人增之者。子长此处但凭书所记者列举之,正无考核及伦次也。)

世之学老子者则绌儒学,儒学亦绌老子。

老子儒学之争,文景武世最烈。辕固生几以致死(见《儒林传》),武帝初年窦婴田蚡王绾皆以儒术为窦太后所罢。及武帝实秉政,用公孙宏董仲舒言,黄老微矣。谈先黄老而后六经,迁则儒家,然述父学,故于老氏、儒家之上下但以道不同不相为谋了之耳。

与梁惠王齐宣王同时。

如此则亦孟子同时人。

然其要本归于老子之言。

老庄不同,《天下篇》自言之。阴谋术数之学,庄书中俱无之,庄书中有敷衍道德五千言之旨者,亦有直引五千言中文句者(如"故曰鱼不可脱于渊,国之利器不可以示人"),然庄书不纯,不能迁以此实其为老子之学也。子长之时,庄非显学,传其书者,恐须托黄老以自重,故子长所见多为比附老氏者。

作《渔父》《盗跖》《胠箧》,以诋訾孔子之徒,以明老子之术。《畏累虚》《亢桑子》之属,皆空语,无事实。

《今本庄子》,西晋人向秀所注,郭象窃之,附以《秋水》诸篇之注,而题为郭象注者(见《晋书》)。此本以外者,今并不存,但有甚少类书等所引可辑耳。子长所举诸篇,在《今本庄子》中居外篇杂篇之列,而子长当时竟特举之,盖《今本庄子》乃魏晋间人观念所定,太史公时,老氏绌儒学,儒学绌老氏,故此数篇独重。司马贞云,"按,庄子,畏累虚,篇名也,即老聃弟子畏累。"

今本无此篇,仅庚桑楚云,老聃之役有庚桑楚者,遍得老聃之道以北居畏累之山。此与司马子正所见不合矣。是子正犹及见与向、郭注本不同之庄子也。

京人也。

《左传》隐元年,"请京,使居之,谓之京城大叔",或申子郑之京人也。

本于黄老,而主刑名。

黄老一说,恐汉初始有之,孟子论杨墨,《庄子·天下篇》,韩非《显学篇》,以及《吕览》,均不及此词。盖申实刑名之学,汉世述之者自附于黄老,故子长见其原于道德之意。

而其本归于黄老。

如可据今本韩子论,韩子乃归于阴谋权数之黄老耳。

人或传其书,至秦,秦王见《孤愤》《五蠹》之书,曰,"嗟乎,寡人得见此人,与之游,死不恨矣"。

此所记恰与子长《报任少卿书》所云"韩非囚秦,说难孤愤"相悖,彼是此必非。今本《五蠹》《孤愤》《说难》等篇,皆无囚秦之迹可指,大约《报任少卿书》所云正亦子长发愤之词耳(《吕览》成书,悬金国门,决非迁蜀后事)。

申子卑卑。

言其专致综核名实之小数也。

皆原于道德之意。

刻薄寡恩，而皆原于道德之意，此甚可思之辞也。道德一词，儒用之为积极名词，道用之为中性名词。故儒不谈凶德，而道谈盗者之道。韩文公云，道与德为虚位，仁与义为定名，此非儒者说，五千文中之说耳。刑名比附于道德五千言，韩子书中亦存《解老》《喻老》，虽"其极惨礉"，仍是开端于五千文中。故曰，皆原于道德之意。

按《老子申韩列传》，在唐以宗老子故，将老子一节升在伯夷上，为列传第一，今存宋刻本犹有如此者。此至可笑之举，唐之先世是否出于陇西，实未明瞭，在北周时，固用胡姓大野矣，而自托所宗于老子。当时人笑之者已多，所谓圣祖玄元皇帝，诚滑稽之甚。

黄老刑名相关处甚多，故老庄申韩同传。三邹子比传儒家言，而齐之方士又称诵习孔子之业（《始皇本纪》扶苏语），故三邹与孟荀同传，亦以稷下同地故也。

附：韩非子《孤愤》

智术之士，必远见而明察，不明察，不能烛私；能法之士，必强毅而劲直，不劲直，不能矫奸。人臣循令而从事，案法而治官，非谓重人也。重人也者，无令而擅为，亏法以利私，耗国以便家，力能得其君,此所为重人也。智术之士明察,听用,且烛重人之阴情;能法之直到劲直,听用,矫重人之奸行。故智术能法之士用,则贵重之臣必在绳之外矣。是智法之士与当涂之人,不可两存之仇也。

当涂之人擅事要,则外内为之用矣。是以诸侯不因,则事不应,故敌国为之讼;百官不因,则业不进,故群臣为之用;郎中不因,则不得近主,故左右为之匿;学士不因,则养禄薄礼卑,故学士为之谈也。此四助者,邪臣之所以自饰也。重人不能忠主而进其仇,人主不能越四助而烛察其臣,故人主愈弊而大臣愈重。

凡当涂者之于人主也,希不信爱也,又且习故。若夫即主心,同乎好恶,因其所自进也。官爵贵重,朋党又众,而一国为之讼。则法术之士欲干上者,非有所信爱之亲,习故之泽也,又将以法术之言矫人主阿辟之心,是与人主相反也。处势卑贱,无党孤特。夫以疏远与近爱信争,其数不胜也;以新旅与习故争,其数不胜也;以反主意与同好恶争,其数不胜也;以轻贱与贵重争,其数不胜也;以一口与一国争,其数不胜也。法术之士操五不胜之势,以发数而又不得见;当涂之人乘五胜之资,而旦暮独说于前。

故法术之士奚道得进,而人主奚时得悟乎?故资必不胜而势不两存,法术之士焉得不危?其可以罪过诬者,以公法而诛之;其不可被以罪过者,以私剑而穷之。是明法术而逆主上者,不戮于吏诛,必死于私剑矣。朋党比周以弊主,言曲以使私者,必信于重人矣。故其可以攻伐借者,以官爵贵之;其不可借以美名者,以外权重之。

是以弊主上而趋于私门者，不显于官爵，必重于外权矣。今人主不合参验而行诛，不待见功而爵禄，故法术之士安能蒙死亡而进其说？奸邪之臣安肯乘利而退其身？故主上愈卑，私门益尊。

　　夫越虽国富兵强，中国之主皆知无益于己也，曰："非吾所得制也。"今有国者虽地广人众，然而人主壅蔽，大臣专权，是国为越也。智不类越，而不智不类其国，不察其类者也。人之所以谓齐亡者，非地与城亡也，吕氏弗制而田氏用之；所以谓晋亡者，亦非地与城亡也，姬氏不制而六卿专之也。今大臣执柄独断，而上弗知收，是人主不明。与死人同病者，不可生也；与亡国同事者，不可存也。今袭迹于齐、晋，欲国安存，不可得也。

　　凡法术之难行也，不独万乘，千乘亦然。人主之左右不必智也，人主于人有所智而听之，因与左右论其言，是与愚人论智也；人主之左右不必贤也，人主于人有所贤而礼之，因与左右论其行，是与不肖论贤也。智者决策于愚人，贤士程行于不肖，则贤智之士羞而人主之论悖矣。人臣之欲得官者，其修士且以精洁固身，其智士且以治辩进业。其修士不能以货赂事人，恃其精洁而更不能以枉法为治，则修智之士不事左右、不听请谒矣。人主之左右，行非伯夷也，求索不得，货赂不至，则精辩之功息，而毁诬之言起矣。

　　治辩之功制于近习，精洁之行决于毁誉，则修智之吏废，则人主之明塞矣。不以功伐决智行，不以参伍审罪过，而听左右近习之言，则无能之士在廷，而愚污之吏处官矣。

　　万乘之患，大臣太重；千乘之患，左右太信；此人主之所公患也。且人臣有大罪，人主有大失，臣主之利与相异者也。何以明之哉？曰：主利在有能而任官，臣利在无能而得事；主利在有劳而爵禄，臣利在无功而富贵；主利在豪杰使能，臣利在朋党用私。是以国地削而私家富，主上卑而大臣重。故主失势而臣得国，主更称蕃臣，而相室剖符。此人臣之所以谲主便私也。故当也之重臣，主变势而得固宠者，十无二三。是其故何也？人臣之罪大也。

臣有大罪者，其行欺主也，其罪当死亡也。智士者远见而畏于死亡，必不从重人矣；贤士者修廉而羞与奸臣欺其主，必不从重臣矣，是当涂者徒属，非愚而不知患者，必污而不避奸者也。大臣挟愚污之人，上与之欺主，下与之收利侵渔，朋党比周，相与一口，惑主败法，以乱士民，使国家危削，主上劳辱，此大罪也。臣有大罪而主弗禁，此大失也。使其主有大失于上，臣有大罪于下，索国之不亡者，不可得也。

十篇有录无书说叙

　　《汉书·司马迁传》云，"十篇缺，有录无书。"张晏曰，"迁没之后，亡景纪、武纪、礼书、乐书、兵书、汉兴以来将相年表，日者列传，三王世家，龟策列传，傅靳列传。元成之间，褚先生补缺，作武帝纪，三王世家，龟策日者列传，言辞鄙陋，非迁本意也"。又十篇有录无书说，亦见于汉艺文志。东汉人引《史记》，无与此相反者。卫宏《汉旧仪注》云"太史公作景帝纪，极言其短，及武帝过，武帝怒而削去"。《魏志·王肃传》云，"帝（明帝）又问，司马迁以受刑之故，内怀隐切，著史记，非贬孝武，令人切齿。对曰，司马迁记事不虚美，不隐恶，刘向、扬雄称其善叙事，有良史之材，谓之实录。汉武帝闻其述史记，取孝景及己本纪览之，于是大怒，削而投之，于今此两纪有录无书。后遭李陵事，遂下蚕室。此为隐切在孝武而不在于史迁也"。

　　按，卫宏所记，每多虚妄（如谓太史公位在丞相上），明帝之语,有类小说,固不可遽信,然必东汉魏人不见景纪,然后可作此说,否则纵好游谈,亦安得无所附丽乎?子长没后三百年中,十篇缺亡,一旦徐广、裴骃竟得之,在赵宋以后,刻板盛行,此例犹少,在汉魏之世,书由绢帛,藏多在官,亡逸更易,重见实难,三百年中一代宗师所不见,帝王中秘所不睹,而徐裴独获之于三百年后,无是理也。故十篇无书之说,实不可破,而张晏所举,景纪外固无疑问,景纪之亡,则卫说、王传皆证人也。今本十篇之续貂俱在,清儒多因而不信张晏说,即《史记志疑》之作者梁君,几将史记全书三分之二认为改补矣,反独以景纪、傅传为不亡,是其疏也。今试分述十篇续貂之原,以疏张晏之论。

《景纪》 《景纪》之亡,有卫书、王传为证,无可疑者。然梁君曰,"此纪之文,亦有详于《汉书》者,如三年徙济北王以下五王,五年徙广川王为赵王,六年封中尉赵绾为建陵侯,至梁楚二王皆薨,班书皆无之,则非取彼以补也。盖此纪实未亡尔"。不知此类多过《汉书》之处,皆别见《史记·汉兴以来诸侯表》,惠景间侯者表中,记载偶有出入,然彼长此短,若更据《汉书》各表各传以校之,恐《今本史记》无一句之来历不明也。补书有工拙,此书之补固工于礼乐诸书,然十篇之补不出一人,讵可以彼之拙,遂谓工者非补书耶?且张晏举补者之名,仅及一纪一世家二传,未云其他有补文,则此十篇今本非出于一手甚明矣。

《武纪》 此书全抄封禅书,题目亦与自叙不合。太史公未必及见世宗之卒,而称其谥,此为其伪不待辩也。钱大昕考异云,"余谓少孙补史，皆取史公所阙，意虽浅近，词无雷同，未有移甲以当乙者也，或魏晋以后，少孙补篇亦亡，乡里妄人取此以足其数耳。"

《汉兴以来将相年表》　梁云，"案表云，孝景元年置司徒官，不知哀帝始改丞相为大司徒，光武去大乃称司徒，孝景时安得有此官（此说自清官本始），又述事至孝成鸿嘉元年，殆自表其非材妄续耶"？按，梁说是也。此篇当是据《汉书·百官公卿表》所记，参以太史公自叙，"国有贤相良将，民之师表也。维见《汉兴以来将相名臣年表》，贤者记其治，不贤者彰其事，作汉兴以来将相名臣年表第十"。诸语敷衍而成者。其中竟有大事记，作表有此，本纪何为者？（又国除削爵亡卒，在他表均不倒文，在此篇独倒，明其为后人所为也。）

《礼书》《乐书》　《礼书》抄自《荀子·礼论》，《乐书》抄自《乐记》，篇前均有太史公曰一长段，容可疑此书仅存一叙，然礼乐两书之叙，体裁既与封禅等书不合，且其中实无深义，皆摹仿太史公文以成之敷衍语。即如乐书之叙，开头即是摹《十二诸侯表》叙语，然彼则可缘以得鲁诗之遗，此则泛泛若无所谓。是此两叙皆就《汉书·礼乐志》中之故实，摹子长之文意，而为之；今如将此两篇与诸表之叙校，即见彼多深刻之言，存汉初年儒者之说，此则敷衍其词，若无底然，亦无遗说存乎其中，更将此两篇与汉礼乐志校，又宜见其取材所自也。

《兵书》　今本目中题律书，然就自叙所述之意论之，固为兵书也，今本乃竟专谈律，又称道"闻疑"，强引孙吴，以合自叙，愈见其不知类。此篇初论兵家，次论阴阳，末述律吕，杂乱无比。汉魏入乐书多不存，惜不能就其所据之材料而校核之也。张晏称之曰兵书，盖及见旧本，颜书据今本律书驳之，不看自序文义，疏误之甚。

《三王世家》　《三王世家》之来源，褚先生自说之，其文云：

臣幸得以文学为侍郎……而解说之。

乃今本《三王世家》竟有太史公曰一段，且谓燕齐之事无足采者，为此伪者真不通之至。子长著书之时，三王年少，无世可纪，无事可录，故但取其策文，今乃曰其事无足采者，是真不知子长为何时人，三王当何年封矣（三王当元狩六年封）。

此篇"王夫人者……"以下，不知又是何人所补，然此实是汉世掌故及传说之混合，与礼乐诸书有意作伪者不同也。

《日者列传》　此书之补，褚先生曰以下者，应在先，司马季主一长段，又就褚少孙所标之目，采合占家之游谈，以足之者也。此篇中并引老子、庄子于一处，而所谓庄子者不见今《庄子》书，意者此段之加，在晋初，彼时老庄已成一切清谈所托，而向、郭定本庄子犹未及行耶？

《龟策列传》　此亦剌取杂占卜者之辞为之，"褚先生曰"以下，当是旧补（但直接褚先生曰数句颇疑割裂），其前一大段，及记宋之王事，又是敷衍成文，剌取传说以成此篇未缺之形式者，应为后来所补。日者龟策两篇文词鄙陋，张晏司马贞俱言之。

《傅靳周列传》 此全抄《汉书》者，末敷衍毫无意义之赞以实之。稍多于《汉书》处，为封爵，然此均见《史记》《汉书》诸表者。《周传》高祖十二年以缧为蒯成侯，在击陈豨前，然击豨在十年，《汉书》不倒，抄者误也。

综上以观，褚先生之补并非作伪，特欲足成子长之书，故所述者实是材料及事实之补充，且明题褚曰，以为识别。若此诸篇之"太史公曰……"者，乃实作伪之文，或非张晏所及见。补之与作伪不可不别也。褚补《史记》不只此数篇，然他处补者尚有子长原文，褚更足之，此数篇中有录无书，故补文自成一篇，张晏遂但举此也。故此十篇中有褚补者，有非褚补者，非褚补者乃若作伪然，或竟是晋人所为，盖上不见于张晏，下得入于裴书耳。伪书颇有一种重要用处，即可据以校古书。有时近本以流传而有讹谬，伪书所取尚保存旧面目者，据以互校，当有所得矣。

论太史公书之卓越

太史公书之文辞，是绝大创作，当无异论。虽方望溪、姚姬传辈，以所谓桐城义法解之，但识砥砆，竟忘和璧，不免大煞风景，然而子长文辞究不能为此种陋说所掩。今不谈文学，但谈史学，子长之为奇才，有三端焉：

一、整齐殊国纪年。此虽有春秋为之前驱，然彼仍是一国之史，若列国所记，则各于其党，"欲一观诸要难"（《十二诸侯表》中语）。年代学（chronology）乃近代史学之大贡献，古代列国并立，纪年全不统一，子长独感其难，以为十二诸侯六国各表，此史学之绝大创作也。我国人习于纪年精详之史，不感觉此功之大，若一察希腊年代学未经近代人整理以前之状态，或目下印度史之年代问题，然后知是表之作，实史学思想之大成熟也。

二、作为八书。八书今亡三篇，张晏已明言之，此外恐尚有亡佚者，即可信诸篇亦若未经杀青之功。然著史及于人事之外，至于文化之中体、乐、兵、历、天官、封禅、河渠、平准，各为一书，斯真睹史学之全，人文之大体矣。且所记皆涉汉政（天官除外），并非承袭前人，亦非诵称书传，若班氏所为者。其在欧洲，至十九世纪始有如此规模之史学家也。凡上两事，皆使吾人感觉子长创作力之大，及其对于史学观念之真（重年代学括文化史），希腊罗马史家断然不到如此境界。皆缘子长并非守文之儒，章句之家，游踪遍九域，且是入世之人，又其职业在天官，故明习历谱，洞彻人文。子长不下帷而成玮著，孟坚但诵书而流迂拘，材之高下固有别矣。

三、"疑疑亦信"。能言夏礼，杞不足征，能言殷礼，宋不足征，文献不足，阙文尚焉，若能多见阙疑，慎言其余，斯为达也。子长于古代事每并举异说，不雅驯者不取，有不同者并存之，其在《老子传》云，"或曰，儋即老子，或曰非也，世莫知其然否，老子隐君子也"，或疑其胸无伦类，其实不知宜为不知，后人据不充之材料，作逾分之断定，岂所论于史学乎？子长盖犹及史之阙文也，今亡矣夫！

论司马子长非古史学乃今史学家

孟坚叙子长所取材，曰，"司马迁据《左氏》《国语》，采《世本》《战国策》，述楚汉春秋，接其后事，讫于天汉。其言秦汉详矣。至于采经摭传，分散数家之事，甚多疏略，或有抵牾。"此信论也。子长实非古史家，采取诗书，并无心得。其纪五帝三代事，但求折衷六艺耳，故不雅驯者不及，然因仍师说，不闻断制，恐谯周且笑之矣。

《史记》记事，入春秋而差丰，及战国而较详，至汉而成其灿然者矣。其取《国语》，固甚有别择，非一往抄写。《战国策》原本今不见，今本恐是宋人补辑者（吴汝纶始为此说），故不能据以校其取舍。《楚汉春秋》止记秦楚汉之际，子长采之之外，补益必多，项刘两纪所载，陆贾敢如是揶揄刘季乎？今核其所记汉事，诚与记秦前事判若两书，前则"疏略抵牾"，后则"文直事核"矣。

彼自谓迄于获麟止（元狩元年），而三王之封，固在元狩六年，已列之世家，是孟坚以《史记》迄于天汉之说差合事实。其记汉事，"不虚美，不隐恶"，固已愈后愈详，亦复愈后愈见其别择与文采。若八书之作，子长最伟大处所在，所记亦汉事也。又子长问故当朝，游迹遍九域，故者未及详考，新者乃以行旅多得传闻。以调查为史，亦今史之方，非古史之术。盖耳闻之古史，只是神话，耳闻之近事，乃可据以考核耳。

手批"史记"(全文周法高辑录)

陈槃庵先生藏湖北崇文书局重刊《王本史记》,乃傅孟真师于民国二十九年客昆明龙泉镇时所赐赠者。书中多孟真师朱笔批语。槃庵先生检出示余,余既选一页影印,复录其全文于下:

书名之要者,于其中抹之以为识(明人如此)。可注意之端,以△别之。善言备后来留意者圈之。(《史记集解》序页一上)

子长实最良之今史家,其于古史,乃反不如。楚汉春秋以前,抄书而已。所抄书大体不差,而亦未见其多发明。独记汉事,文章事理,昭然明白,显言微言,尽情舒畅。此实与后来之官书文字绝然不同者也。(又页一上)

此皆无知而谈也。(司马贞补《史记》序页二上"借如本纪叙五帝而阙三皇"以下)

游易讲,都易郡,真妄人也。(张守节《史记正义》序页一上"讲学齐鲁之郡")

绍太史一语，在此处为不辞。（又页一上"绍太史，继春秋"）

此实不专某某家，无例可言。（《史记正义论例·谥法》解页二上"论注例"云云）

此处原文必是两行旁行，张守节以为直行而抄之，遂有此可笑之错乱。（又页六下谥法解"民无能名神"以下）

数码标《周书谥法解》中之序。神1，皇4，帝3，王5，公7，侯8，君6，圣2，明13，文10，德16，武11，成26，康25，穆27，昭29，平33，景34，贞35，桓38，元42，宣55，庄43，惠40，敬46，肃50，声68，伤，戴51，殇（伤）53，隐54，知70，悼55，荒57，愍58，匡96，奠76，类77，明13，爱91，忠81，魏61，长89，直86，绍84，节93，易95，克90，汤。（以上上列）

简9，恭12，钦14，定15，襄17，僖（厘）18，厘（僖）18，懿21，度61，献20，孝22，考23，齐24，顷28，靖（静）32，围54，胡30，刚31，威36，祁37，使56，安62，思39，皞57，誉60，商59，夷44，怀45，丁47，烈48，翼49，白67，灵52，厉69，剌56，哀59，躁78，庚73，丑75，幽60，慧41，质72，良74，顺79，宪19，惑（感）80，厚97，炀52，正87，坚85，夸88，抗92，缪96，比94。（以上下列）（又页六下至页十六）

子长已引其父言易大传，而子长未述庖牺神农，则今本十翼之成今式，恐更在景武后矣。不然，子长虽能存疑，要亦折中六艺。

易击明文，独不采乎？（《三皇本纪》页一上"太皞庖牺氏"以下）

顾颉刚云：黄帝所至，即子长所至（见赞）。盖子长仍以自己所闻之传说为断也。（卷一《五帝本纪》页四上"东至于海"以下）

风后、力牧皆抽象之神道词也。即云风之后力之牧耳。力即怪力乱神之力。大鸿之鸿，即鸿雁之鸿。常先或亦禽兽之字，先或弋字之讹。此四者均非人名，盖黄帝亦当时普及民间之一宗教。（又页五下"风后力牧，常先大鸿"）

此四人之治民如此，其为神道可知矣。（又页六上"时播百谷草木，淳化鸟兽虫蛾"）黄帝在子长时，为一普及民间之宗教矣。（又页三十下"余尝西至空峒，北过涿鹿，东渐于海，南浮江淮矣。至长老皆各往往称黄帝"）

刘子骏不能改全书之思想，以就古文，乃但于若干处举"古文近是"等等之直申语，为术诚拙也。（又"总之不离古文者近是"）

天，文字之误也。甲文证明。（卷三《殷本纪》页二上"子天乙立"）

《史记》所引《书序》，皆窜入文。子长见《大传》，故未及见所谓《书序》。（又页二下"作帝诰"）太史公时，儒者善谈五帝，而竟不能辨东西周，其历史观念可知矣。（卷四《周本纪》页四一下"学者皆称周伐纣，居洛邑"以下）

太史公得读《秦记》，故《秦本纪》事独详。（卷五《秦本纪》页一上）

秦之再霸，实不始考公商君，盖自然之势耳。（又页二二下"与晋战于石门，斩首六万，天子贺以黼黻"）六艺六经六书六卿等名，恐皆自秦始皇后始也。（卷六《秦始皇本纪》页十一"数以六为纪，符法冠皆六寸，而舆六尺，六尺为步，乘六马"）

始皇先用儒而后坑之，非自始绝之也。东巡先至峄，其意可知矣。（又页十四下"二十八年，始皇东行郡县，上邹峄山，立石，与鲁诸儒生议刻石颂秦德，议封禅"）

此是谀言，而下文乃有宗旨。（又页二三上"今陛下创大业，建万世之功"）

始皇坑术士，而扶苏谓诸生皆诵法孔子，甚可留意也。（又页二六下"始皇长子扶苏谏曰，天下初定，远方黔首未集，诸生皆诵法孔子"）

诸刻石文中，儒家思想多矣。（又页二九上"有子而嫁，倍死不贞，防隔内外，禁止淫泆"）

前后倒置。（又页四十下"于是山东大扰，诸侯并起，豪俊相立"）

如此众人，说来一若同时然。（又页四三上"于是六国之士，有宁越、徐尚、苏秦、杜赫之属为之谋"）

不知何人所别抄入也。（页四八上"襄公立，享国十二年"）

此是典引文。（又页五一上"孝明皇帝十七年十月十五日乙丑日"以下）

如此人家子弟，不为始皇聚之咸阳，而任其在山泽中。如是，固知帝王之法，有时吞舟是漏也。（卷七《项羽本纪》页二上"虽吴中子弟，皆已惮籍矣。秦二世元年七月，陈涉等起大泽中"）

此必别一李由。（又页七上"斩李由"，注"应劭曰：由，李斯子也。"）

妆改收。（页二三下"妆其货宝美人"）

此句不知谁何所追记也。（卷八《高祖本纪》"朝以十月，车服、黄屋、左纛，葬长陵"）

高后文帝纪赞，皆若刺武帝语。（卷九《吕后本纪》页十五下"太史公曰"以下）

高帝死后，以吕氏之残暴，而天下竟安，揭竿不起者，皆自战国二百年来杀戮之故也。（卷十《孝文本纪》页一下"夫秦失其政"以下）

此不知何人补，要甚后矣，但据《汉书》敷衍成章耳。（卷十一《孝景本纪》页一上）

此处古文二字掸入得尤其明显，尤其不通。（卷十三《三代世表》页一下"古文咸不同乖异"）

即此以观，即知帝击世本等之为妄矣。（又页五下"从黄帝至武王十九世"）

此处所改多矣。（卷十四《十二诸侯年表》页二上"七十子之徒口受其传指"以下）

此句尚是未改者，有所忘也。（又页三上"自共和讫孔氏表见《春秋》《国语》"）

古文二字，此处或"载籍"等词之改也。（又页三上"为成学治古文者要删焉"）

此最深刻之谤汉文也。(卷十六《秦楚之际月表》页二上:"安在无土不王,此乃传之所谓大圣乎!岂非天哉?岂非天哉?")

刺语。(卷二十《建元以来侯者年表》页一上"以此知功臣受封侔于祖考矣"以下)

有录无书。(卷二二《汉兴以来将相名臣年表》页一上)

此文首节油腔滑调,绝不类太史公语。(卷二八《封禅书》页一上)

此一节与《郊祀志》颇不同。(又页二下"周官曰"至"所从来尚矣")《郊祀志》云:作陈宝祠。(又页四下"作伏祠")

此穆公有志步岐周之迹而托言也。(又页五上"寤乃言梦见上帝,上帝命穆公平晋乱")

此段《郊祀志》无之。(又页七上"其后百有余年"至"乃后陪臣执政")

此语与《郊祀志》序错。(又页七下"季氏旅于泰山,仲尼讥之")

秦色尚黑,其不及黑帝者,盖以其祖即为黑帝也。(又页十七上"四帝有白青黄赤帝之祠")

此节与《郊祀志》小异。(又页十九上"是岁制曰,朕即位十三年"以下)

周之北当为成周之北。(卷三一《吴太伯世家》页二上"乃封周章弟虞仲于周之北")

按之金文,中国之虞乃作吴,在扬州者曰工渔。虞仲必即太伯之弟,非另一人也。(又"是为虞仲")

季子此语沉痛之至。设当时季子不让,早及于难矣。设是时不使齐，恐亦波及矣。此一浊世之佳公子，焉能与此辈兽性者角力哉？权德舆责之，苛而不近人情矣。（又页十三上"吾敢谁怨乎？哀死事生，以待天命。非我生乱，立者从之，先人之道也"）

太公犹言始祖也。田和亦称太公，是也。（卷三二《齐太公世家》页一下"故号之曰太公"）

三国之始，盖皆东夷部姓也（卷三六《陈杞世家》页九下"滕薛邹，夏殷周之间封也"）

此政治进展之迹。（又"周武王时，侯伯尚千余人"以下数句）

汉田氏在齐与在诸陵者，颇多豪族。（又"而田常得政于齐，卒为建国，百世不绝"）

按太史公与孔董、桑弘羊同时，武帝正侈用此辈，以盐钱等为聚敛。太史公恶此，无异其恶卫霍公孙弘。孟荀列传独有此叙，实与平准书中所寄之感慨同。（卷七四《孟子荀卿列传》"自天子至于庶人，好利之弊，何以异哉"）

功未甚多，未然，此史公刺语也。（卷一一一《卫将军骠骑列传》页七下"将军所以功未甚多"）

此中史公虽有牢骚意，然尚持平，恐实录正如此也。（又页十上"军亦有天幸，未尝困绝也"）

属国之始置。（又页十一下"因其故俗为属国"）

茂陵一朝，诸将显分东西二党。东方皆暴发户，以贵戚亲幸得显。西方则将家子也。卫霍东士，苏李则关西将门也。（又页二一上："太史公曰"以下）

齐人风习。（卷一一二《平津侯主父列传》页一下"弘为人恢奇多闻"）

子诚齐人也。（又页二下"臣闻管仲相齐"）

其八事为律令，必尤为重要，乃不传，惜哉！（又页五上"其八事为律令"）

谏伐匈奴，而武帝相见恨晚，此见武帝之有容也。（又页十二上"公等皆安在，何相见之晚也"）

偃初谏黩武，登庸后乃设计城朔方，甚矣小人之无宗旨也。（页十三上"偃盛言朔方地肥饶"以下数句）

此篇史事不循理，言说多奇诡，盖离摭小说家言。虽不在十篇有录无书者之数，亦未必为史公之作也（卷一一九《循吏列传》页一下）

忠孝不并立，此之谓。（又页三下"夫以父立政，不孝也；废法纵罪，非忠也"）

汲公亦通世故。此语置之六朝隽词中，亦上品也。（卷一二〇《汲郑列传》页四上"夫以大将军有揖客，反不重邪"）

此处据《论语》以叙孔子，于诗书礼乐，并及春秋之关系，独不举易，可见子长实未见所谓古《论语》"假我数年，五十以学易"之说也。《孔子世家》有云"假我数年……"然实与古《论语》文不同，且恐窜入也。（卷一二一《儒林列传》页一上"于是论次诗书，修起礼乐"以下）

"以至于始皇"五字，疑衍文也。（又页二上"以至于始皇，天下并争"）

"焚诗书"上或应有始皇二字。（又"焚诗书"）

坑术士而曰坑儒，则儒者，职业之名也。（又"坑术士"）

疑者则阙不传，疑是注文羼入也。（又页六上"疑者则阙不传"）

"至"，监本官本作"在"，是也。（又页六下"为治者不至多言"）

家人言恐又是妇人言，故触窦太后怒将绳之以法也。（又页七下"此是家人言耳"）

凡此种种，都形容汉武好伪儒疏正儒也。（又页八上"诸谀儒多疾毁固"）

此传中之老子，当释废老之义。（又页八下"老，不能行"）

此处当是古文者捃入之文。此段实有矛盾处，既曰天下无有能治"尚书"者，又曰汉定得二十九篇以教，必不通矣。惟捃入实迹如何，待后来一校考之也。（又页八下九上"欲求能治尚书者，天下无有"以下）

五字上下文不通不衔，其为窜入无疑也。（又页九上"受业孔安国"）

此又是窜入文也。（又页九下"自此以后"至"盖尚书滋多于是矣"）

汉人不增称姓，此备称，恐后人书之也。（又页十上"传子至孙徐延徐襄"）

此五字，古文者窜入文也。子长时无所谓"公羊春秋"，"谷梁春秋"。（又页十二上"其传公羊氏也"）

同下为窜入文。（又瑕丘江生为"谷梁春秋"）

此亦或是窜入文或否。如非窜入，则集比其义，当是比董胡二氏也。（又"自公孙弘得用，尝集比其义"）

此刺语也（又"天下皆以为是"）

子长及见董孙为大官耶？此增文也。（又页十二下"而董仲舒子及孙皆以学至大官"）

如是则司马贞所见之本，盖为"火正黎"矣。此必就《汉书》所改成，而《汉书》又是徇《国语》之申义也。（卷一三〇《太史公自序》页一上"北正黎以司地"索隐）

重黎疑是一人之名，其后分演为二。（又页一上《索隐》"重司天而黎司地""而史迁意欲合二氏为一"）

吴起赞文异引。（又页二上注"《史记·吴起赞》曰：非信仁廉勇，不能传剑论兵书也"）

地字，清官本作池。（又页二上"葬于华池"正义"华地在同州"清官本多"志"字又页二下"卒皆葬高门"正义"括地击"）

此刘歆窜改文无疑也。其原文必为年十岁则诵何书何书。（又页六下"年十岁，则诵古文"）

待与今本《吴越春秋》校之。（又页七上"探禹穴"正义"吴越春秋云"以下）

此岂举获见故文耶？（又页八下"紬《史记》《石室》《金匮》之书"）

以上批语为孟真师中年读书时信笔所书,未必与其晚年定论相合。览者幸无摘其一二而加讥弹也。

选自周法高编辑《近代学人手迹》(初集)(一九六二年六月台北文星书店出版)。后有陈槃跋:"民国廿九年秋播迁昆明龙泉镇,孟真师以《明仿刊王本史记》诒槃,师所读本之一也。行间眉上,朱墨纷陈,师所记也。义既精微,辞复隽妙,足以津逮后学。子范已以其首页摄景存真,余则亲督写生逐条过录以附编后。虽零金碎玉,莫非可宝者也。"

与颉刚论古史

评秦汉统一之由来和战国人对于世界的想象

颉刚兄：

今天把你一向给我的信，从头"编年"一看，觉其中或者不曾有信失去。我共收到你的六封快信，最末一封为十一月十八论孔子，对么？现在分条从头一一细答，因以前信每不尽意也。

我对于你的"秦汉统一的由来和战国人对于世界的想象"有下列的意见：

（一）你这个"古疆域小，一个中央"思想，自然再对不过。这篇文章却并未提到"统一的由来"，若谓有个大的世界观念便能统一，则从无是说。

（二）我对于你的"古史辨"美中不足之一，是看你说殷颇有

"扶得东来西又倒"之势。殷诚然不是一个一统天下，诚然还不如成周，但也决不会仅等于昆吾大彭。殷的疆域，东边"海外有截"，西边伐鬼方，到了甘肃境，北边你已承认他游牧到了直隶的保定。而且敌国之周，都那样称他，连曰大商大商，真像克殷才定了天下样的。我们在这些地方，应该充量用尚存的材料，而若干材料缺的地方，即让他缺着。此文中你说商，也未免有与古史辨中同一趋势。

（三）"知道他们已经游牧到直隶保定了"，此句似应于他们下加"至少"二字。因为找出证据来者，可断其为有，不曾找出证据来者，亦不能断其为无。

（四）你引孟子"夏后殷周之盛"一段话，甚悖你古史辨原则。你正是去辨这些话哩！孟子的历史说，即是你所去辨累层地中之一层。"汤百里，文王七十里"一流话，泛言之，则是"夏后殷周之盛地未有过千里者矣"，显然不合事实。

（五）姜羌是否一字，似乎我们尚未得证据。

（六）《左传》的文句，最不宜乎固执去用，因为今本不知经过多少手也。"君处北海，寡人处南海"，岂必是当时楚王之言，诚恐是《国语》中语来语去之语耳。且楚在齐桓时并不处南海待楚灭越后方真正处南海。

（七）你说"因为那时四海以内有个九方千里之地，所以就有了九州之说"。这话我想不见得如此。九本是一多数词，如汪中所举例。但即令九州之九由方千里者九来，而九州是从哪里来呢？孟子这句话实在太模糊。当时的七国中，齐燕赵秦楚俱不止千里，秦楚竟过三四千里，而韩魏不及千里。且那两国千里是谁呢？当时的小国，周卫鲁俱远不及千里，而宋也不及，中山总是为人分来分去的。

州一个观念，必是一个海国的观念。州岛恐本是一个字，只是"方言的歧异"，用久遂有两义。故《禹贡》一面言州，一面言岛夷皮服。州在《诗》尚是岛之义，渚、岛、州皆舌头发音也。如九州之观念不起于海边人民，则应云九宇，九有，九方，而不应云九州。我久疑此小九州之故说亦起于齐。去年告M.Pelliot，他云岛州一字甚可能。

在Veda中，大陆与岛屿亦是一字。今春找到August Conrady二十年前一文，名"纪元前六世纪印度在中国之影响"，于此一点甚致疑。他说州之观念及推小至大之瀛海环州，均见于Veda，当是由印度到中国。但此涉想之无稽甚显然。如由印度来，何不先至秦而反至齐？且此传说之见于Veda，究竟是原印度日耳曼人的思想呢，或者是印度土物？如是印度土物，则Veda此说亦是借自被征服之民。如是原印度日耳曼人的思想，则原印度日耳曼人亦并非岛夷，焉得发明此思想。且此思想并不同见于希腊及日耳曼的早年神话，故此思想甚难谓之为"Cosmology印度的"。充量亦仅是印度早年土物。或者当年印度东南一带，南洋诸国，以直到中国的青营，有此一种Vedie之传说，其流入印度日耳曼人者，遂入Veda，流入齐国者，遂有九州大九州之说也。"齐国的邹"有此说，甚可长想。

兄谓因为"齐国人有了这种想象，所以他们就有航海觅地的事业"，这话适得其反，因为他们有航海觅地的事业，所以他们才有了,或从别人得了这种想象。古代齐国海路交通是大而早的。法显回来,由青州上岸。孙权要找辽东,竟布置海征的计划。汉文景武时,南越和匈奴能相策应。而殷之相土,已戡定了海外一块地方。大约齐之海上交通是史前世的事啦。

(八)徐福与日本一段故事,当是日本人当年慕汉族而造之谣言,与造武天皇等一以汉家皇帝之为号出于一个心理。

(九)《山海经》怕是很后的书,何以你不疑他一下呢?

(十)"那时候人敢于放胆思想所以常有很聪明的话(下至)……一个行是了"。我想,放胆思想只能有很荒唐的话。当时的一般阴阳家谶纬论者,每是有些方技的。他们却是着实的观天。观天的人见星一夜起东落西一回,而其中有以年变位置者。地动之一种想象甚可有,所难者,说明此天系统耳。歌白尼、盖理律均是说明此系统。至如于地之动一种涉想,即巴比伦之牧童恐也必有想到者矣。且地动与认地是行星亦并不是一事。

(十一)"但何以后来武功就低落,疆土就不能再开拓了!"你的答案是"尊重儒家",给德化之说征"服"。我想后来汉家皇帝何以不再拓土,不是由于德化之说。我于心有一甚复杂的议论,此时写下累数千字。待下次作一长谈罢。

(十二)我总觉得你这篇文理,与在《古史辨》上,颇犯一种毛病,即是凡事好为之找一实地的根据,而不大管传说之越国远行。如谈到洪水必找会稽可以有洪水之证,如谈到纬书便想到当时人何以造此等等。其实世界上一些寓言(Parables),一些宇宙论

(Corsmologics),每每远到数万里。洪水之说,今见之于Genesis者,实由巴比伦来。其在巴比伦者由何来,今不可得而考。纬书上一些想象,及洪水九州等观念,我们不可忘传说走路之事也。汉阴阳家多齐人,而制历者或有外国人,二百二十万年及颛顼诸历,焉知非中央亚细亚流入者也?如必为一事找他的理性的事实的根据,每如刻舟求剑,舟已行矣,而剑不行,凿矣。

弟斯年十二月七日

(原文刊载于1927年11月8日《国立中山大学语言历史学研究所周刊》第一集第二期)

论孔子学说所以适应于秦汉以来的社会的缘故

一

孟真兄:

弟有一疑难问题,乞兄一决:

在《论语》上看,孔子只是旧文化的继续者,而非新时代的开创者。但秦汉以后是一新时代,何以孔子竟成了这个时代的中心人物?

用唯物史观来看孔子的学说。他的思想乃是封建社会的产物。秦汉以下不是封建社会了，何以他的学说竟会支配得这样长久？

商鞅，赵武灵王，李斯一辈人，都是新时代的开创者，何以他们造成了新时代之后，反而成为新时代中的众矢之的？

弟觉得对于此问题，除非作下列的解释才行：

孔子不是完全为旧文化的继续者，多少含些新时代的理想，经他的弟子们的宣传，他遂甚适应于新时代的要求。

商鞅们创造的新时代，因为太与旧社会相冲突，使民众不能安定，故汉代调和二者而立国。汉的国家不能脱离封建社会的气息，故孔子之道不会失败。汉后二千年，社会不曾改变，故孔子之道会得传衍得这样长久。

兄觉得这样解释对吗？请批注，愈详细愈好。

弟颉刚十五，十一，十八

二

颉刚兄：

十八日信到，甚喜。

你提出的这个问题，我对于这个问题本身有讨论。你问："在《论语》上看……何以孔子成了这个时代的中心人物？"我想，我们看历史上的事，甚不可遇事为他求一理性的因，因为许多事实的产生，但有一个"历史的积因"。不必有一个理性的因。即如佛教在南北朝隋唐时在中国大行，岂是谓佛教恰合于当年社会？岂是谓从唯物史观看来，佛教恰当于这时兴盛于中国？实在不过中国当年社会中人感觉人生之艰苦太大（这种感觉何时不然，不过有时特别大），而中国当年已有之迷信与理性不足以安慰之，有物从外来，谁先谁立根基，不论他是佛，是祆，是摩尼，是景教，先来居势，并不尽由于佛特别适于中国。且佛之不适于中国固有历史，远比景教等大。那种空桑之教，无处不和中国人传统思想相反。然而竟能大行，想是因为这种迷信先别种迷信而来，宣传这种迷信比宣传别种迷信的人多，遂至于居上。人们只是要一种"有说作"的迷信，从不暇细问这迷信的细节。耶稣教西行，想也是一个道理。我们很不能说那萨特的耶稣一线最适宜于庞大而颓唐的罗马帝国，实在那时罗马帝国的人们但要一种"有说作"的迷信以安慰其苦倦，而恰有那萨特的耶稣一线奋斗的最力，遂至于接受。我常想，假如耶稣教东来到中国，佛教西去欧洲，未必不一般的流行，或者更少困难些。因为佛教在精神上到底是个印度日耳曼人的出产品，而希伯来传训中，宗法社会思想之重，颇类中国也。（此等事在别处当详说）

我说这一篇旁边话，只是想比喻儒家和汉以来的社会，不必有"银丁扣"的合拍。只要儒家道理中有几个成分和汉以来的社会中主要部分有相用的关系，同时儒家的东西有其说，而又有人传，别家的东西没有这多说，也没有这多人传，就可以几世后儒家统一了中等阶级的人文。儒家尽可以有若干质素甚不合于汉朝的物事，但汉朝找不到一个更有力的适宜者，儒家遂立足了。一旦立足之后，想他失位，除非社会有大变动，小变动他是能以无形的变迁而适应的。从汉武帝到清亡，儒家无形的变动甚多，但社会的变化究不曾变到使他四方都倒之势。他之能维持二千年，不见得是他有力量维持二千年，恐怕是由于别家没有力量举出一个 Alternative（别家没有这个机会）。

儒家到了汉朝统一中国，想是因为历史上一层一层积累到势必如此，不见得能求到一个汉朝与儒家直接相对的理性的对当。

这恐怕牵到看历史事实的一个逻辑问题。

说孔子于旧文化之成就，精密外，更有何等开创，实找不出证据。把《论语》来看，孔子之人物可分为四条。

（一）孔子是个入世的人，因此受若干楚人的侮辱。

（二）孔子的国际政治思想，只是一个霸道，全不是孟子所谓王道，理想人物即是齐桓管仲。但这种浅义，甚合孔子的时代（此条长信已说）。

（三）孔子的国内政治思想，自然是"强公室杜私门"主义。如果孔子有甚新物事贡献，想就是这个了。这自然是甚合战国时代的。但孔子之所谓正名，颇是偏于恢复故来的整齐（至少是他所想象的故来），而战国时之名法家则是另一种新势力之发展。且战国时之名法家，多三晋人，甚少称道孔子，每每讥儒家。或者孔子这思想竟不是战国时这种思想之泉源。但这种思想，究竟我们以见之于孔子者为最早。

（四）孔子真是一个最上流十足的鲁人。这恐怕是孔子成为后来中心人物之真原因了。鲁国在春秋时代，一般的中产阶级文化，必然是比那一国都高，所以鲁国的风气，是向四方面发展的。齐之"一变至于鲁"，在汉朝已是大成就，当时的六艺，是齐鲁共之的。这个鲁化到齐从何时开始，我们已不可得而知，但战国时的淳于髡邹衍等，已算是齐彩色的儒家。鲁化到三晋，我们知道最早的有子夏与魏文侯的故事。中央的几国是孔子自己"宣传"所到，他的孙子是在卫的。荀卿的思想，一面是鲁国儒家的正传，一面三晋的彩色那么浓厚。鲁化到楚，也是很早的。陈良总是比孟子前一两辈的人，他已经是北学于中国了。屈原的时代，在战国不甚迟，《离骚》一部书，即令是他死后恋伤他的人之作，想也不至于甚后，而这篇里"上称帝喾，下道齐桓，中述汤武，远及尧舜"四端中，三端显是自鲁来的。又《庄子·天下篇》，自然不是一篇很早的文，但以他所称与不称的人比列一下子，总也不能甚迟，至迟当是荀卿吕不韦前一辈的人。且这文也看不出是鲁国人做的痕迹。这篇文于儒家以外，都是以人为单位，而子邹鲁独为一Collective之论，这里边没有一句称孔子的话，而有一大节发挥以邹鲁为文宗。大约当时人谈人文者仰邹鲁，而邹鲁之中以孔子为最大的闻人。孔子之成后来中心人物，想必是凭借鲁国。

《论语》上使我们显然看出孔子是个吸收当时文化最深的人。大约记得的前言往行甚多，而于音乐特别有了解，有手段。他不必有甚么特别新贡献，只要鲁国没有比他更大的闻人，他已经可以凭借着为中心人物了。

鲁国的儒化有两个特别的彩色：

（一）儒化最好文饰，也最长于文饰。抱着若干真假的故事，若干真假的故器，务皮毛者必采用。所以好名高的世主，总采儒家，自魏文侯以至汉武帝。而真有世间阅历的人，都不大看得起儒家，如汉之高宣。

（二）以上项更有关系的，是儒家的道德观念，纯是一个宗法社会的理性发展。中国始终没有脱离了宗法社会。世界上自有历史以来，也只有一小部分的希腊及近代欧洲，脱离了宗法社会。虽罗马也未脱离的。印度、日耳曼民族中，所以能有一小部分脱离宗法社会的原故，想是由于这些民族的一个最特别的风俗是重女子（张骞的大发明）。因为女子在家庭中有力量，所以至少在平民阶级中，成小家庭的状态，而宗法因以废弛。中国的社会，始终以家为单位。三晋的思想家每每只承认君权，但宗法社会在中国的中等阶级以上，是难得消失的，这种自完其说的宗法伦理渐渐传布，也许即是鲁国文化得上风的由来。

本来宗法社会也但是一个有产阶级的社会，在奴婢及无产业人从来谈不到宗法。宗法的伦理必先严父，这实于入战国以来专制政治之发达未尝不合。那样变法的秦伯，偏谥为孝公。秦始皇统一后，第一举即是到峄山下，聚诸儒而议礼，迨议论不成，然后一人游幸起来。后来至于焚书坑儒，恐惧非其本心。秦王是个最好功喜名的人，儒家之文饰，自甚合他的本味。试看峄山刻石，特提"孝道显

— 261 —

明",而会稽刻石"匡饬异俗"之言曰,"有子而嫁,背死不贞,防隔内外,禁止淫佚,男女洁诚,夫为寄豭,杀之无罪,男秉义程,妻为逃嫁,子不得母"。看他这样以鲁俗匡饬越俗的宗旨,秦国的宗法伦理,在上流社会上是不会堕的。故始皇必以清议而纳母归。孝之一字必在世家方有意义,所以当时孝字即等于 decency,甚至如刘邦一类下等流氓,亦必被人称为大孝,而汉朝皇帝无一不以孝为谥,暴发户学世家,不得不如此耳。有这个社会情形,则鲁儒宗之伦理传布,因得其凭借。

封建一个名词之下,有甚多不同的含义。西周的封建,是开国殖民,所以封建是谓一种特殊的社会组织。西汉的封建是割裂郡县,所以这时所谓封建但是一地理上之名词而已。宗周或以灭国而封建,如殷、唐等;或以拓新土而封建,如江汉。其能封建稍久的,在内则公室贵族平民间相影响成一种社会的组织。其中多含人民的组织。人民之于君上,以方域小而觉亲,以接触近而觉密。试看《国风》那时人民对于那时公室的兴味何其密切。那时一诸侯之民,便是他的战卒,但却不即是他的俘虏。这种社会是养成的。后来兼并愈大,愈不使其下层人民多组织(因为如此最不便于虏使)。其人民对于其公室之兴味,愈来愈小。其为政者必使其人民如一团散沙,然后可以为治。如秦始皇之迁天下豪杰于咸阳,即破除人民的组织最显明的事。封建社会之灭,由于十二国七国之兼并,秦只是把六国灭了罢了。封建的社会制早已亡,不待秦。

中国之由春秋时代的"家国"演进为战国时代的"基于征服之

义"之国，是使中国人可以有政治的大组织，免于匈奴鲜卑之灭亡我们的；同时也是使中国的政治永不能细而好的。因为从战国秦的局面，再一变，只能变到中央亚细亚大帝国之局面，想变到欧洲政治之局面是一经离开封建制以后不可能的。（从蒙古灭宋后，中国的国家，已经成了中央亚细亚大帝国之局面了。唐宋的政治虽腐败，比起明清来，到底多点"民气"。）

在汉初年，假如南粤赵氏多传一百年，吴濞传国能到宣元时，或者粤吴重新得些封建社会的组织。但国既那末大，又是经过一番郡县之后，这般想是甚不自然的。汉初封建只是刘家家略，刘邦们想如此可以使姓刘的长久，遂割郡县以为国。这是于社会的组织上甚不相涉的。顶多能够恢复到战国的七雄，决不能恢复到成周春秋之封建。封建之为一种社会的组织，是在战国废的，不是在秦废的。汉未尝试着恢复这社会的组织，也正不能。

我觉得秦国之有所改变，只是顺当年七国的一般趋势，不特不曾孤意的特为改变，而且比起六国来反为保守。六国在战国时以经济之发展。侈靡而失其初年军国之精神（特别是三晋），秦国则立意保存，从孝公直到秦皇。

汉初一意承秦之续，不见得有一点"调和二者"的痕迹。这层汉儒是很觉得的。太史公把汉看得和秦一般，直到王莽时，扬雄剧秦美新，亦只是剧汉美新耳。东汉的儒家，方才觉得汉不是秦。

儒家虽由汉武定为国教，但儒家的政治理想，始终未完全实现。东汉晚年礼刑之辨，实是春秋理想与战国理想之争，鲁国理想与三晋理想之争。鲁国以国小而文化久,在战国时也未曾大脱春秋时封建气。儒家的理想,总是以为国家不应只管政刑,还要有些社会政策,养生送死,乃至仪节。三晋思想总是以为这都非国家所能为、所应为,国家但执柄。其弊是儒家从不能有一种超予 Ethics 的客观思想,而三晋思想家所立的抽象的机作,亦始终不可见,但成君王之督责独裁而已。

近代最代表纯正儒家思想者,如顾亭林,其封建十论,何尝与柳子厚所论者为一件事。柳子厚的问题是:封建(即裂土,非成俗)于帝室之保全,国内之秩序为便呢,或是但是郡县?亭林的问题是:封建(即成俗,非裂土)能安民或者郡县?亭林答案,以为"郡县之弊其弊在上"必层层设监,愈不胜其监。刺史本是行官,旋即代太守,巡按本是行官,旋即代布政,愈防愈腐,以人民之中未有督责也。

中国离封建之局(社会的意义),遂不得更有欧洲政治的局面,此义我深信深持,惜此信中不能更详写下。

商鞅赵武灵王李斯实在不是一辈人。商鞅不是一个理想家,也不是一个专看到将来的人。他所行的法,大略可以分做四格:(一)见到晋国霸业时之军国办法,以此风训练秦国;(二)使警察成人民生活的习惯;(三)抑止财富的势力侵到军国。此亦是鉴于晋之颓唐;(四)使法令绝对的实行。商君到底是个三晋人。自孝公以来秦所以盛,我试为此公式:"以戎秦之粗质,取三晋之严文。"

商鞅这种变法,是与后来儒家的变成法家,如王莽,王安石等,绝然不同的。

赵武灵王不曾变法，只是想使人民戎俗而好战，以便开拓胡地中山，并以并秦。他是一个甚浪漫的人。但不见得有制度思想。

李斯的把戏中，真正太多荀卿的思想。荀卿所最痛言的"一天下建国家之权称"，李斯实现之。他的事作与商君的事作甚不类。商君是成俗，李斯是定权衡。

这些人不见得在当时即为"众矢之的"。我们现在读战国的历史，只能靠一部《史记》。《战国策》已佚，今存当是后人辑本（吴汝纶此说甚是），而这部《史记》恰恰是一部儒家思想的人做的。商君的人格，想也是很有力量而超越平凡的。看他答公孙痤之言，何其有见识而有担当。且后来一靠孝公，不为私谋，秦国终有些为他诉冤的人。即令有人攻击他，也必是攻击他的私人，不闻以他之法为众矢之的。

至于李斯，后人比忠者每称之。《史记》上有一个破绽，"人皆以斯极忠而被五刑。察其本，乃与俗议之异。不然，斯之功且与周召列矣"。可见子长时人尚皆称许李斯，非子长一人在《史记》上作翻案文章耳。子长最痛恨公孙弘，最看不起卫霍一流暴发户，最不谓然的是好大喜功，故结果成了一部于汉武帝过不去的谤书。他这"一家之言"，我们要留神的。

陈涉造反，尚用扶苏的名义，可见当时蒙将军之死，必是世人歌泣的一件事。蒙氏有大功，而被大刑，不合太史公的脾胃，把他一笔抹杀，这岂能代表当年的舆论哉。如果《史记》有好处，必是他的"先黄老而后六经，退处士而进奸雄，羞货利而羞贱贫"。但头一句尚是他的老子的好处，他的儒家思想之重，使这书但成"一家之言"。假若现在尚有当年民间的著述，必另是一番议论。我们现在切不可从这不充足的材料中抽结论。

到了后世甚远，儒家思想，儒家记载，专利了。当年民间真正的舆论，就不见了。

宋前曹操在民间的名誉不坏，从宋起，儒家思想普及民间，而曹公变为"众矢之的"。当年何曾是如此的。

以上一气写下，一时想到者，意实未尽也。

弟斯年十五、十一、廿八。

三

颉刚兄：

兄第六信提出一事，弟于上次信叙了我的意思很多。我现在补说下列几句：

中国社会的变迁，在春秋战国之交，而不在秦。七国制，秦制，汉制，都差不多。其得失存亡，在政而不在制。

商鞅一般人不见得在当时受恶名，我又举下列两事：（一）李斯上书，举商君以为客之益秦之例；（二）公孙衍、张仪，孟子的学生大称之，大约是当时时论，而遭了孟子大顿骂。孟子是儒家，不见得能代表当时时论。

　　有一人颇有一部分像商君者,即吴起,在其能制法明令以强国。而吴起所得罪的人,也正是商君所得罪的,即是当时的贵族。大约战国初年的趋势,是以削贵族的法子强国。

弟斯年十五、十二、七。

(原文刊载于 1927 年 11 月《国立中山大学语言历史学
研究所周刊》第一集第六期)

评"春秋时的孔子和汉代的孔子"

颉刚兄:

　　这篇文章的思想,和我上次信上的意思大致相同,这是很可快乐的事。但是最好还是希望我们的想头不同,才有争论。

　　这篇文章里,我也有几点与你所说小异:

　　(一)孔子不见得是纯粹的这么一个君子,大约只是半个君子而半个另是别的。孔子也骂君子,是你也举的。《论语》上有好些话出于君子之外。至于"他修养的意味极重,政治的意味很少",这话恐怕不尽然。《论语》上先有这么些政治的意味的话。

　　(二)古文一派恐不始于向、歆。我的书太不熟,七年国外,忘得光光。我所记得的最早古文思想，是东方朔对武帝话，以周公为丞相，孔丘为御史大夫。但这话也正出于《汉书》，实不能取为确据。有了董仲舒一流之巫师，则古文一种较 National 的东西必起来本无疑也。

（三）兄谓"宗教一面的材料没有寄顿之处，就改拉了老子做教主成就了道教。……孔子就成了士大夫的先师了"。这话大致很对。但最初拉老子的人，还是那些偏于古文的儒家，如王弼何晏等。黄巾道士并不拉老子。等着道士拉老子，恐是葛洪前后的事了。

孔子之政治思想，我认为甚紧要。内谈正名，外谈伯道，实是当前的大题目。伯道在孔子时没有一点坏意思。现在人想起伯来，便想到西楚伯王，遂误会了。

《论语》上孔子之修养彩色，恐亦是由《论语》之成就造成。《论语》当然是有子、曾子一派的。这派人总是少谈政事，多谈修养，好弄那些礼貌的架子。有子便是架子大家，大约是架子"似夫子"。我们就这一派人的传记看孔子，自然由这个角的 Perspective 加重这一派人的彩色。

我有一个非常自信的成见，以为我们研究秦前问题，只能以书为单位，不能以人为单位。而以书为单位，一经分析之后，亦失其为单位。故我们只能以《论语》为题，以《论语》之孔子为题，不能但以孔子为题。孔子问题是个部分上不能恢复的问题，因为"文献不足征也"。否则汇集一切孔子说，如孙星衍所愿自效于他所想象以为七十二代文人者，亦正乱七八糟。今以《论语》的单位，尚可抽出一部分的孔子来,其全部分的孔子是不可恢复了。于墨子庄子等等俱如此,俱以书为单位,而于分析之后不勉强补苴罅漏。其有不能解决之问题"及史之阙文"而已。

弟斯年十五、十二、七。

(原文刊载于1927年12月《国立中山大学语言历史学研究所周刊》第一集(第七期)

与顾颉刚论古史书

颉刚足下:

　　我这几年到欧洲,除最初一时间外,竟不曾给你信,虽然承你累次的寄信与著作。所以虽在交情之义激如我们,恐怕你也轻则失望,重则为最正当之怒了。然而我却没有一天不曾想写信给你过,只是因为我写信的情形受牛顿律的支配,"与距离之自成方之反转成比例",所以在柏林朋友尚每每通信以代懒者之行步,德国以外已少,而家信及国内朋友信竟是稀得极厉害,至于使老母发白。而且我一向懒惰,偶然以刺激而躁动一下子,不久又回复原状态。我的身体之坏如此,这么一个习惯实有保护的作用救了我一条命。但因此已使我三年做的事不及一年。我当年读嵇叔夜的信说他自己那样懒法，颇不能了解，现在不特觉得他那样是自然，并且觉得他懒得全不尽致。我日日想写信给你而觉得拿起笔来须用举金箍棒之力，故总想"明天罢"。而此明天是永久不来的明天，明天，明天……至于今天；或者今天不完，以后又是明天，明天，明天……这真是下半世的光景！对于爱我的朋友如你，何以为情！

私事待信末谈，先谈两件"努力周报"上事物。在当时本发愤想写一大篇寄去参加你们的论战，然而以懒的结果不曾下笔而"努力"下世。我尚且仍然想着，必然写出寄适之先生交别的报登，窃自比季子挂剑之义，然而总是心慕者季子，力困若叔夜，至今已把当时如泉涌的意思忘到什七八，文章是做不成的了，且把尚能记得者寄我颉刚。潦草，不像给我颉刚的信，但终差好于无字真经。只是请你认此断红上相思之字，幸勿举此遐想以告人耳。

第一件是我对于丁文江先生的"历史人物与地理的关系"一篇文章的意见。（以下见"评丁文江历史人物与地理的关系"文，不复载。）

其二，论颉刚的古史论。三百年中，史学，文籍考订学，得了你这篇文字，而有"大小总汇"。三百年中所谓汉学之一路，实在含括两种学问：一是语文学，二是史学，文籍考订学。这俩以外，也更没有什么更大的东西：偶然冒充有之，也每是些荒谬物事，如今文家经世之论等。拿这两样比着看，量是语文学的成绩较多。这恐怕是从事这类的第一流才力多些，或者也因为从事这科，不如从事史学文籍考订者所受正统观念限制之多。谈语言学者尽可谓"亦既觏止"之觏为交媾,"握椒"之为房中药。

汉宋大儒,康成元晦,如此为之,并不因此而失掉他的为"大儒"。若把"圣帝明王"之"真迹"布出,马上便是一叛道的人。但这一派比较发达上差少的史学考订学,一遇到颉刚的手里,便登时现出超过语文学已有的成绩之形势,那么你这个古史论价值的大还等我说吗?这话何以见得呢?我们可以说道,颉刚以前,史学考订学中真正全是科学家精神的,只是阎若璩、崔述几个人。

今文学时或有善言,然大抵是些浮华之士;又专以门户为见,他所谓假的古文,固大体是假,他所谓真的今文,亦一般的不得真。所有靠得住的成绩,只是一部《古文尚书》和一部分的左氏、周官之惑疑(这也只是提议,未能成就);而语文那面竟有无数的获得。但是,这语文学的中央题目是古音,汉学家多半"考古之功多,审音之功浅",所以最大的成绩是统计的分类通转,指出符号来,而指不出实音来。现在尚有很多的事可作;果然有其人,未尝不可凌孔巽轩而压倒王氏父子。史学的中央题目,就是你这"累层地造成的中国古史",可是从你这发挥之后,大体之结构已备就,没有什么再多的根据物可找。

前见晨报上有李玄伯兄一文,谓古史之定夺要待后来之掘地。诚然掘地是最要事,但不是和你的古史论一个问题。掘地自然可以掘出些史前的物事,商周的物事,但这只是中国初期文化史。若关于文籍的发觉,恐怕不能很多。(殷墟是商社,故有如许文书的发现,这等事例岂是可以常希望的。)而你这一个题目,乃是一切经传子家的总锁钥,一部中国古代方术思想史的真线索,一个周汉思想的摄镜,一个古史学的新大成。这是不能为后来的掘地所掩的,正因为不在一个题目之下。岂特这样,你这古史论无待于后来的掘地,而后来的掘地却有待于你这古史论。现存的文书如不清白,后来的工作如何把他取用。

偶然的发现不可期,系统的发掘须待文籍整理后方可使人知其地望。所以你还是在宝座上安稳的坐下去罢,不要怕掘地的人把你陷了下去。自然有无量题目要仔细处置的,但这都是你这一个中央思想下的布列。犹之乎我们可以造些动力学的 Theorem,但这根本是 Newton 的。我们可以研究某种动物或植物至精细,得些贯通的条理,但生物学的根本基石是达尔文。学科的范围有大小,中国古史学自然比力学或生物学小得多。但他自是一种独立的,而也有价值的学问。你在这个学问中的地位,便恰如牛顿之在力学,达尔文之在生物学。

去年春天和志希从吾诸位谈,他们都是研究史学的。"颉刚是在史学上称王了,恰被他把这个宝贝弄到手;你们无论再弄到什么宝贝,然而以他所据的地位在中央的原故,终不能不臣于他。我以不弄史学而幸免此危,究不失为'光武之故人也'。几年不见颉刚,不料成就到这么大!这事原是在别人而不在我的颉刚的话,我或者不免生点嫉妒的意思,吹毛求疵,硬去找争执的地方;但早晚也是非拜倒不可的。"

颉刚,我称赞你够了么!请你不要以我这话是朋友的感情;此间熟人读你文的，几乎都是这意见。此特你应做的事，就是赶快把你这番事业弄成。我看见的你的文并不全，只是努力读书杂志9，10，11，12，14（十三号未见过，十四后也未见过）所登的。我见别处登有你题目，十四号末又注明未完；且事隔已如此之久，其间你必更有些好见解，希望你把你印出的文一律寄我一看。看来禹的一个次叙，你已找就了，此外的几个观念，如尧，舜，神农，黄帝，许由，仓颉等等，都仔细照处理禹的办法处置他一下子。又如商汤，周文，周公虽然是真的人，但其传说也是历时变的。龟甲文上成汤并不称成汤。《商颂》里的武王是个光大商业、而使上帝之"命式于九围"的，克夏不算重事。《周诰》里周公说到成汤，便特别注重他的"革夏"，遂至结论到周之克殷，"于汤有光"的滑稽调上去"此恰如满酋玄烨谀孝陵的话"。

到了孟子的时代想去使齐梁君主听他话，尤其是想使小小滕侯不要短气，便造了"汤以七十里兴，文王以百里兴"的话头，直接与诗颂矛盾。到了嵇康之薄汤武，自然心中另是一回事。至于文王周公的转变更多。周公在孔子正名的时代，是建国立制的一个大人物。在孟子息邪说、距诐行的时代，是位息邪说、距诐行的冢相。

在今文时代，可以称王。在王莽时代，变要居摄。到了六朝时，真个的列爵为五，列卿为六了，他便是孔子的大哥哥，谢夫人所不满意事之负责任者。（可惜满清初年不文，不知"文以诗书"，只知太后下嫁。不然，周公又成满酋多尔衮；这恐怕反而近似。）这样变法，岂有一条不是以时代为背景。尤其要紧的，便是一个孔子问题。

孔子从《论语》到孔教会翻新了的梁漱溟，变了真正七十二，而且每每是些剧烈的变化，简直摸不着头脑的。其中更有些非常滑稽的。例如苏洵是个讼棍，他的《六经论》中的圣人（自然是孔子和其他），心术便如讼棍。长素先生要做孔老大，要改制，便做一部孔子改制托古考；其实新学伪经，便是清朝的康有为做的。

梁漱溟总还勉强是一个聪明人，只是所习惯的环境太陋了，便挑了一个顶陋的东西来，呼之为"礼乐"，说是孔家真传：主义是前进不能，后退不许，半空吊着，简直使孔丘活受罪。这只是略提一二例而已，其实妙文多着哩。如果把孔子问题弄清一下，除去历史学的兴味外，也可以灭掉后来许多梁漱溟，至少也可以使后来的梁漱溟但为梁漱溟的梁漱溟，不复能为孔家店的梁漱溟。要是把历来的"孔丘七十二变又变……"写成一本书，从我这不庄重的心思看去，可以如欧洲教会教条史之可以解兴发噱。从你这庄重的心思看去，便一个中国思想演流的反射分析镜，也许得到些中国历来学究的心座（Freudian Complexes）来，正未可料。

你自然先以文书中选择的材料证成这个"累层地"，但这个累层地的观念大体成后，可以转去分析各个经传子家的成籍。如此，则所得的效果，是一部总括以前文籍分析，而启后来实地工作的一部古史，又是一部最体要的民间思想流变史，又立一个为后来证订一切古籍的标准。这话是虚吗？然则我谓他是个"大小总汇"，只有不及，岂是过称吗？

大凡科学上一个理论的价值，决于他所施作的度量深不深，所施作的范围广不广，此外恐更没有什么有形的标准。你这个古史论，是使我们对于周汉的物事一切改观的，是使汉学的问题件件在他支配之下的，我们可以到处找到他的施作的地域来。前年我读你文时，心中的意思如涌泉。当时不写下，后来忘了一大半。现在且把尚未忘完的几条写下。其中好些只是你这论的演绎。

一　试想几篇戴记的时代

大小戴记中，材料之价值不等，时代尤其有参差，但包括一部古儒家史，实应该从早分析研究一回。我从到欧洲来，未读中国书，旧带的几本早已丢失。想戴记中最要四篇，《乐记》《礼运》《大学》《中庸》，当可背诵，思一理之。及一思之，恨《乐记》已不能背。见你文之初，思如涌泉，曾于一晚想到《大学》《中庸》之分析。后来找到戴记一读，思想未曾改变。又把《礼运》一分量，觉得又有一番意思。今写如下：

《大学》孟子说："人有恒言，皆曰天下国家。天下之本在国，国之本在家，家之本在身。"可见孟子时尚没有《大学》一种完备发育的"身家国天下系统哲学"。孟子只是始提这个思想。换言之，这个思想在孟子时是胎儿，而在《大学》时已是成人了。可见《孟子》在先，《大学》在后。《大学》老说平天下，而与孔子孟子不同。孔子时候有孔子时候的平天下，"九合诸侯，一匡天下"，如桓文之霸业是也。孟子时候有孟子时候的平天下，所谓"以齐王"是也。列国分立时之平天下，总是讲究天下定于一，姑无论是"合诸侯，匡天下"，是以公山弗扰为"东周"，是"以齐王"，总都是些国与国间的关系。

然而《大学》之谈"平天下"，但谈理财。理财本是一个治国的要务；到了理财成了平天下的要务，必在天下已一之后。可见《大学》不见于秦皇。《大学》引《秦誓》，书是出于伏生的，我总疑心《书》之含《秦誓》是伏生为秦博士的痕迹，这话要真，大学要后于秦代了。且《大学》末后大骂一阵聚敛之臣。汉初兵革扰扰，不成政治，无所谓聚敛之臣。文帝最不曾用聚敛之臣，而景帝也未用过。直到武帝时才大用而特用，而《大学》也就大骂而特骂了。

《大学》总不能先于秦，而汉初也直到武帝才大用聚敛之臣，如果《大学》是对时而立论，意者其作于孔、桑登用之后，轮台下诏之前乎？且《大学》中没有一点从武帝后大发达之炎炎奇怪的今文思想，可见以断于武帝时为近是。不知颉刚以我这盐铁论观的《大学》为何如？

《中庸》显然是三个不同的分子造成的，今姑名为甲部，乙部，丙部。甲部《中庸》从"子曰君子中庸"起，到"子曰父母其顺矣乎"止。开头曰中庸，很像篇首的话。其所谓中庸，正是两端之中，庸常之道，写一个Petitbourgeois之人生观。"妻子好合，如鼓瑟琴；兄弟既翕，和乐且耽"。不述索隐行怪而有甚多的修养，不谈大题而论社会家庭间事，显然是一个世家的观念（其为子思否不关大旨），显然是一个文化甚细密中的东西——鲁国的东西，显然不是一个发大议论的笔墨——汉儒的笔墨。

从"子曰鬼神之为德"起，到"治国其如示诸掌乎"止，已经有些大言了，然而尚不是大架子的哲学。此一节显然像是甲部丙部之过渡。至于第三部，从"哀公问政"起到篇末，还有头上"天命之谓性"到"万物育焉"一个大帽子，共为丙部，纯粹是汉儒的东西。这部中所谓中庸，已经全不是甲部的"庸德之行，庸言之谨"，而是"中和"了。"中庸"本是一家之小言，而这一部中乃是一个会合一切，而谓其不冲突——太和——之哲学。

盖原始所谓中者，乃取其中之一点而不从其两端；此处所谓中者，以其中括合其两端，所以仲尼便祖述尧舜（法先王），宪章文武（法后王），上律天时（义和），下袭水土（禹）。这比孟子称孔子之集大成更进一步了。孟子所谓"金声玉振"尚是一个论德性的话，此处乃是想孔子去包罗一切人物；孟荀之所以不同，儒墨之所以有异，都把他一炉而熔之。"九经"之九事，在本来是矛盾的，如亲亲尊贤是也，今乃并行而不相悖。这岂是晚周子家所敢去想的。这个"累层地"，你以为对不对？

然而中庸丙部也不能太后，因为虽提祯祥，尚未入纬。

西汉人的思想截然和晚周人的思想不同。西汉人的文章也截然与晚周人的文章不同。我想下列几个标准可以助我们决定谁是谁。

（一）就事说话的是晚周的，做起文章来的是西汉的。

（二）研究问题的是晚周的，谈主义的是西汉的。

（三）思想也成一贯，然不为系统的铺排的是晚周，为系统的铺排的是西汉。

（四）凡是一篇文章或一部书，读了不能够想出他时代的背景来的，就是说，发的议论对于时代独立的，是西汉。而反过来的一面，就是说，能想出他的时代的背景来的却不一定是晚周。因为汉朝也有就事论事的著作家，而晚周却没有凭空成思之为方术者。

《吕览》是中国第一部一家著述，以前只是些语录。话说得无论如何头脑不清，终不能成八股。以事为学，不能抽象。汉儒的八股，必是以学为学；不窥园亭，遑论社会。

《礼运》一篇，看来显系三段。"是谓疵国，故政者之所以藏身也"（应于此断，不当从郑）以前（但其中由"言偃复问曰"到"礼之大成"一节须除去）是一段，是谈鲁生的文章。"夫政必本于天……"以下是一段，是炎炎汉儒的议论，是一汉儒的系统玄学。这两段截然不同。至于由"言偃复问曰"到"礼之大成"一段，又和上两者各不同，文词略同下部而思想则不如彼之侈。"是为小康"，应直接"舍鲁何适矣"。

现在我们把《礼运》前半自为独立之一篇，并合其中加入之一大节，去看，鲁国之乡曲意味，尚且很大。是论兵革之起，臣宰之借，上规汤武，下薄三家的仍类于孔子正名，其说先生仍是空空洞洞，不到易传实指其名的地步。又谈禹汤文武成王周公而不谈尧舜，偏偏所谓"大道之行也"云云即是后人所指尧舜的故事。尧舜禹都是儒者之理想之 Incarnation，自然先有这理想，然后再 Incarnated 到谁和谁身上去。此地很说了些这个理想，不曾说是谁来，像是这篇之时之尧舜尚是有其义而无其词，或者当时尧舜俱品之传说未定，尚是流质呢。

所谈禹的故事，反是争国之首，尤其奇怪。既不同雅颂，又不如后说，或者在那个禹观念进化表上，这个礼运中的禹是个方域的差异。我们不能不承认传说之方域的差异，犹之乎在言语学上不能不承认方言。又他的政治观念如"老有所终"以下一大段，已是孟子的意思，只不如孟子详。又这篇中所谓礼，实在有时等于《论语》上所谓名。又"升屋而号"恰是墨子引以攻儒家的。

又"玄酒在室"至"礼之大成也"一段，不亦乐乎的一个鲁国的Petitbourgeois之Kulturo。至于"呜呼哀哉"以下，便是正名论。春秋战国间大夫纷纷篡诸侯，家臣纷纷篡大夫，这篇文章如此注意及此，或者去这时候尚未甚远。这篇文章虽然不像很旧，但看来总在《易·系》之前。

《易·系》总是一个很迟的东西，恐怕只是稍先于太史公。背不出，不及细想。

二　孔子与六经

玄同先生这个精而了然的短文，自己去了许多云雾。我自己的感觉如下：

易《论语》"夏礼吾能言之，杞不足征也。殷礼吾能言之，宋不足征也。文献不足故也；足，则吾能征之矣"。《中庸》"吾说夏礼，杞不足征也。吾学殷礼，有宋存焉。吾学周礼，今用之，吾从周"。《礼运》"吾欲观夏道，是故之杞，而不足征也，吾得夏时焉。吾欲观殷道，是故之宋，而不足征也，吾得坤乾焉。坤乾之义，夏时之等，吾以是观之"。附易于宋。由这看来，显系后起之说。而且现在的《易》是所谓《周易》，乾上坤下，是与所谓归藏不同。假如《周易》是孔子所订，则传说之出自孔门，决不会如此之迟，亦不会如此之矛盾纷乱。且商瞿不见于《论语》，《论语》上孔子之思想绝对和《易·系》不同。

《诗》　以《墨子》证《诗》三百篇，则知《诗》三百至少是当年鲁国的公有教育品，或者更普及（墨子，鲁人）。看《左传》《论语》所引《诗》大同小异，想见其始终未曾有定本。孔子于删诗何有焉。

《书》　也是如此。但现在的《今文尚书》，可真和孔子和墨子的书不同了。现在的今文面目，与其谓是孔子所删，毋宁谓是伏生所删。终于《秦誓》，显出秦博士的马脚来。其中真是有太多假的，除虞、夏书一望而知其假外，周书中恐亦不少。

《礼》《乐》　我觉玄同先生所论甚是。

《春秋》　至于《春秋》和孔子的关系，我却不敢和玄同先生苟同。也许因为我从甚小时读孔广森的书，印下一个不易磨灭的印象，成了一个不自觉的偏见。现在先说一句。从孔门弟子到孔教会梁漱溟造的那些孔教传奇，大别可分为三类：一怪异的，二学究的，三为人情和社会历史观念所绝对不能容许的。

一层一层的剥去，孔丘真成空丘（或云孔，空）了。或者人竟就此去说孔子不是个历史上的人。但这话究竟是笑话。在哀公时代，鲁国必有一个孔丘字仲尼者。那么，困难又来了。孔子之享大名，不特是可以在晚周儒家中看出的，并且是在反对他的人们的话中证到的。孔子以什么缘由享大名虽无明文，但他在当时享大名是没有问题的。也许孔子是个平庸人，但平庸人享大名必须机会好；他所无端碰到的一个机会是个大题目，如刘盆子式的黎元洪碰到武昌起义是也。所以孔丘之成名，即令不由于他是大人物，也必由于他借到大题目，总不会没有原因的。

不特孔丘未曾删定六经，即令删定，这也并不见得就是他成大名的充足理由。在衰败的六朝，虽然穷博士，后来也以别的缘故做起了皇帝。然当天汉盛世，博士的运动尚且是偏于乘障落头一方面；有人一朝失足于六艺，便至于终其身不得致公卿。只是汉朝历史是司马氏班氏写的，颇为儒生吹吹，使后人觉得"像煞有介事"罢了。但有时也露了马脚，所谓"主上所戏弄，流俗所轻，优倡之所蓄"也。何况更在好几百年以前。所以孔丘即令删述六经，也但等于东方朔的诵四十四万言，容或可以做哀公的幸臣，尚决不足做季氏的冢宰，更焉有驰名列国的道理。

现在我们舍去后来无限的孔子追加篇，但凭《论语》及别的不多的记载，也可以看出一个线索来。我们说，孔丘并不以下帷攻《诗》《书》而得势，他于《诗》《书》的研究与了解实在远不及二千四百年后的顾颉刚，却是以有话向诸侯说而得名。他是游谈家的前驱。游谈家靠有题目，游谈家在德谟克拉西的国家，则为演说家，好比雅典的 Demosthenes，罗马的 Cicero，都不是有甚深学问，或甚何 Originality 的人。然而只是才气过人，把当时时代背景之总汇抓来，做一个大题目去吹擂，于是乎"太山北斗"，公卿折节了。

孔丘就是这样。然则孔丘时代背景的总汇是什么？我想这一层《论语》上给我们一个很明白的线索。周朝在昭穆的时代尚是盛的时候，后来虽有一乱，而宣王弄得不坏。到了幽王，不知为何原因，来了一个忽然的瓦解，如渔阳之变样的。平王东迁后的两个局面，是内面上陵下借，"团长赶师长，师长赶督军"，外边是四夷交侵，什么"红祸白祸"，一齐都有。

这个局面的原始，自然也很久了；但成了一个一般的风气，而有造成一个普遍的大劫之势，恐怕是从这时起。大夫专政，如鲁之三桓，宋之华氏，都是从春秋初年起。晋以杀公族，幸把这运命延迟上几世（其实曲沃并晋已在其时，而六卿增势也很快），至于非文化民族之来侵，楚与鲁接了界，而有灭周宋的形势；北狄灭了邢卫，殖民到伊川，尤其有使文化"底上翻"之形势。应这局面出来的人物，便是齐桓，管仲，晋文，舅犯，到孔子时，这局面的迫逼更加十倍的利害，自然出来孔子这样人物。一面有一个很好的当时一般文化的培养，一面抱着这个扼要的形势，力气充分，自然成名。你看《论语》上孔子谈政治的大节，都是指这个方向。

说正名为成事之本，说三桓之子孙微，说陪臣执国命，论孟公绰，请讨田氏，非季氏之兼并等等，尤其清楚的是那样热烈称赞管仲。"管仲相桓公，九合诸侯……微管仲，吾其披发左衽矣"。但虽然这般称许管仲，而于管仲犯名分的地方还是一点不肯放过。这个纲目，就是内里整纲纪，外边攘夷狄，使一个乱糟糟的世界依然回到成周盛世的文化上，所谓"如有用我者，吾其为东周乎"。借用一位不庄者之书名。正以挪来说诸侯；也只有以这个题目的原故，列国的君觉着动听，而列国的执政大臣都个个要赶他走路了。颉刚：你看我这话是玩笑吗？我实在是说正经。

我明知这话里有许多设定，但不这样则既不能解孔子缘何得大名之谜，又不能把一切最早较有道理的孔子传说联合贯串起来。假如这个思想不全错，则《春秋》一部书不容一笔抹杀，而《春秋》与孔子的各类关系不能一言断其为无。现在我们对于《春秋》这部书，第一要问他是鲁史否？这事很好决定，把书上日食核对一番，便可马上断定他是不是当时的记载。便可去问，是不是孔子所笔削。现在我实在想不到有什么确据去肯定或否定，现在存留的材料实在是太少了。

然把孔子"论其世"一下：连串其《论语》等等来，我们可以说孔子订春秋，不固名为《春秋》或即是现在所存的"断烂朝报"。即不然，在道理上当与现在的"断烂朝报"同类。所以才有孟子的话。这书的思想之源泉，总是在孔子的。既认定纲领，则如有人说"孔子作春秋"，或者说"孔子后学以孔子之旨作春秋"，是没有原理上的分别。

公羊家言亦是屡变。传，繁露，何氏，各不同。今去公羊家之迂论与"泰甚"，去枝去叶，参着《论语》，旁边不忘孟子的话，我们不免觉得，这公羊学的宗旨是一个封建制度正名的，确尚有春秋末的背景，确不类战国中的背景，尤其不类汉。三世三统皆后说，与公羊本义无涉。大凡一种系统的伪造，必须与造者广义的自身合拍，如古文之与新朝政治是也。公羊家言自然许多是汉朝物事，然他不泰不甚的物事实不与汉朝相干。

大凡大家看不起《春秋》的原因，都是后人以历史待他的原故，于是乎有"断烂朝报"之说。这话非常的妙。但知《春秋》不是以记事为本分，则他之为"断烂朝报"不是他的致命伤。这句绝妙好词，被梁任公改为"流水账簿"，便极其俗气而又错了。

一、春秋像朝报而不像账簿；二、流水账簿只是未加整理之账，并非断烂之账。断烂之账簿乃是上海新闻大家张东荪先生所办《时事新报》的时评，或有或无，全凭高兴，没有人敢以这样的方法写流水账的。"史"之成一观念，是很后来的。章实斋说六经皆史，实在是把后来的名词，后来的观念，加到古人的物事上而齐之，等于说"六经皆理学"一样的不通。且中国人于史的观念从来未十分客观过。

司马氏班氏都是自比于孔子而作经。即司马君实也是重在"资治"上。郑夹漈也是要去贯天人的。严格说来，恐怕客观的历史家要从顾颉刚算起罢。其所以有鲁之记载，容或用为当时贵族社会中一种伦理的设用，本来已有点笔削，而孔子或孔子后世借原文自寄其笔削褒贬，也是自然。我们终不能说《春秋》是绝对客观。或者因为当时书写的材料尚很缺乏，或者因为忌讳，所以成了《春秋》这么一种怪文体，而不得不成一目录，但提醒其下之微言大义而已。这类事正很近人情。

鲁史纪年必不始于隐公,亦必不终于哀公,而春秋却始于东迁的平王,补弑的隐公,终于获麟或孔丘卒,其式自成一个终始。故如以朝报言,则诚哉其断烂了,如以一个伦理原则之施作言,乃有头有尾的。

孟子的叙诗和《春秋》虽然是"不科学的",但这话虽错而甚有注意的价值。从来有许多错话是值得注意的。把诗和伦理混为一谈,孔子时已成习惯了。孔子到孟子百多年,照这方面"进化",不免到了"诗亡春秋作"之说。孟子说"其事则齐桓晋文,其文则史,其义则丘窃取之矣"。头一句颇可注意。

以狭义论,《春秋》中齐桓晋文事甚少。以广义论,齐桓晋文事为霸者之征伐会盟,未尝不可说《春秋》之"事则齐桓晋文"。孔子或孔子后人做了一部书,以齐桓晋文之事为题目,其道理可想。又"其文则史,其义则丘窃取之矣"。翻作现在的话,就是说,虽然以历史为材料,而我用来但为伦理法则之施用场。

《春秋》大不类孟子的工具。如孟子那些"于传有之"的秘书,汤之囿,文王之囿,舜之老弟,禹之小儿,都随时为他使唤。只有这《春秋》,大有些不得不谈,谈却于他无益的样子。如谓春秋绝杀君,孟子却油油然发他那"诛一夫","如寇仇","则易位"的议论。如谓"春秋道名分",则孟子日日谈王齐。春秋之事则齐桓晋文,而孟子则谓"仲尼之徒无道桓文之事者"。这些不合拍都显出这些话里自己的作用甚少,所以更有资助参考的价值。

当年少数人的贵族社会,自然有他们的标准和舆论,大约这就是史记事又笔削的所由起。史决不会起于客观的纪载事迹；可以由宗教的意思，后来变成伦理道德的意思起，可以由文学的意思起。《国语》自然属下一类，但《春秋》显然不是这局面，孔子和儒宗显然不是戏剧家。

总括以上的涉想，我觉得《春秋》之是否孔子所写是小题，春秋传说的思想是否为孔子的思想是大题。由前一题，无可取证。由后一题，大近情理。我觉得孔子以抓到当年时代的总题目而成列国的声名，并不是靠什么六艺。

孔子，六艺，儒家三者的关系，我觉得是由地理造成的。邹鲁在东周是文化最深密的地方。六艺本是当地的风化。所以孔子与墨子同诵诗书，向观列国春秋。与其谓孔子定六艺，毋宁谓六艺定孔子，所以六艺实在是鲁学。或者当时孔子有个国际间的大名，又有好多门徒，鲁国的中产上流阶级每引孔子以为荣，于是各门各艺都"自孔氏"。孔子一生未曾提过《易》，而商瞿未一见于《论语》，也成了孔门弟子了。孔门弟子列传一篇，其中真有无量不可能的事。大约是司马子长跑到鲁国的时候，把一群虚荣心造成的各"书香人家"的假家谱抄来，成一篇"孔子弟子列传"。我的意思可以最单简如此说：六艺是鲁国的风气，儒家是鲁国的人们；孔子所以与六艺儒家生关系，因为孔子是鲁人。与其谓六艺是儒家，是孔学，毋宁谓六艺是鲁学。

世上每每有些名实不符的事。例如后来所谓汉学，实在是王伯厚，晁公武之宋学；后来所谓宋学，实在是明朝官学。我想去搜材料，证明儒是鲁学，经是汉定"今文亦然"。康有为但见新学有伪经，不见汉学有伪经。即子家亦是汉朝给他一个定订。大约现行子书，都是刘向一班人为他定了次序的。《墨子》一部书的次叙，竟然是一个儒家而颇芜杂的人定的；故最不是墨子的居最先。前七篇皆儒家书或是有道家言与墨绝端相反者（如太盛难寄），知大半子书是汉朝官订本（此意多年前告适之先生，他未注意），则知想把古书古史整理，非清理汉朝几百年一笔大账在先不可也。

三 在周汉方术家的世界中几个趋向

我不赞成适之先生把记载《老子》《孔子》《墨子》等等之书呼作哲学史。中国本没有所谓哲学。多谢上帝，给我们民族这么一个健康的习惯。我们中国所有的哲学，尽多到苏格拉底那样子而止，就是柏拉图的也尚不全有，更不必论到近代学院中的专技哲学，自贷嘉，来卜尼兹以来的。我们若呼子家为哲学家，大有误会之可能。大凡用新名词称旧物事，物质的东西是可以的，因为相同；人文上的物事是每每不可以的，因为多是似同而异。现在我们姑称这些人们（子家）为方术家。思想一个名词也以少用为是。盖汉朝人的东西多半可说思想了，而晚周的东西总应该说是方术。

禹，舜，尧，伏羲，黄帝等等名词的真正来源，我想还是出于民间。除黄帝是秦俗之神外，如尧，我拟是唐国（晋）民间的一个传说。舜，我拟是中国之虞或陈或荆蛮之吴民间的一个传说。尧舜或即此等地方之君（在一时）。颛顼为秦之传说，喾为楚之传说，或即其图腾。帝是仿例以加之词（始只有上帝但言帝），尧舜都是绰号。其始以民族不同方域隔膜而各称其神与传说；其后以互相流通而传说出于本境，迁土则变，变则各种之装饰出焉。各类变更所由之目的各不同，今姑想起下列几件：

（一）理智化——一神秘之神成一道德之王。

（二）人间化——一抽象之德成一有生有死之传。又有下列一种趋势可寻：

满意于周之文化尤其是鲁所代表者（孔子）

不满意于周之文化而谓孔子损益三代者

举三代尽不措意，薄征诛而想禅让，遂有尧舜的化身

此说又激成三派：

（1）并尧舜亦觉得大有人间烟火气，于是有许由务光。——与这极端反背的便是"诛华士"，《战国策》上请诛于陵仲子之论。

（2）宽容一下，并尧舜汤武为一系的明王。（孟子）

（3）爽性在尧舜前再安上一个大帽子，于是有神农，黄帝，伏羲等等。

这种和他种趋势不是以无目的而为的。

上条中看出一个古道宗思想与古儒宗思想的相互影响，相互为因果。自然儒宗道宗这名词不能安在孔子时代或更前，因为儒家一名不过是鲁国的名词，而道家一名必然更后，总是汉朝的名词，或更在汉名词"黄老"以后。《史记》虽有申不害学"黄老刑名以干昭侯"的话，但汉初所谓黄老实即刑名之广义，申不害学刑名而汉人以当时名词名之，遂学了黄老刑名。然而我们总可为这两个词造

个新界说，但为这一段的备用。我们第一要设定的，是孔子时代已经有一种有遗训的而又甚细密的文化，对这文化的处置可以千殊万别，然而大体上或者可分为两项：

一、根本是承受这遗传文化的，但愿多多少少损益于其中。我们姑名此为古儒宗的趋势。

二、根本上不大承认，革命于其外。我们姑名此为古道宗的趋势。

名词不过界说的缩短，切勿执名词而看此节。我们自不妨虚位的定这二事为AB，但这种代数法，使人不快耳。造这些名词如尧、舜、许由、务光、黄（这字先带如许后来道士气）帝，华士、神农，和《庄子》书中的这氏那氏，想多是出于古道宗，因为这些人物最初都含些道宗的意味。《论语》上的舜，南面无为。许行的神农，是并耕而食。这说自然流行也很有力，儒宗不得不取适应之法。除为少数不很要紧者造个谣言，说"这正是我们的祖师所诛"（如周公诛华士）外。大多数已于民间有势力者是非引进不可了。便把这名词引进，加上些儒家的意味。于是乎绝世的许由成了士师的皋陶（这两种人也有共同，即是俱为忍人）；南面无为的舜，以大功二十而为天子；并耕的神农本不多事，又不做买卖，而易击的神农"耒耨之利，以教天下"，加上做买卖，虽许子亦应觉其何以不惮烦也。

照儒宗的人生观，文献征者征之，本用不着造这些名词以自苦；无如这些名词先已在民间成了有势力的传说，后又在道宗手中成了寄理想的人物，故非取来改用不可。若道宗则非先造这些非历史的人物不能资号召。既造，或既取用，则儒宗先生也没有别法对付，只有翻着面过来说,"你所谓者正是我们的'于传有之',不过我们的真传所载与你这邪说所称名一而实全不同,词一而谓全不同。"

反正彼此都没有龟甲钟鼎做证据,谁也莫奈得谁何。这种方法,恰似天王教对付外道。外道出来,第一步是不睬。不睬不能,第二步便是加以诛绝,把这书们加入"禁书录"上。再不能,第三步便是扬起脸来说,"这些物事恰是我们教中的"。当年如此对付希腊哲学,近世如此对付科学。天主教刑了盖理律,而近中天文学算学在教士中甚发达。

我这一篇半笑话基于一个假设,就是把当年这般物事分为二流,可否?我想大略可以得,因为在一个有细密文化久年遗训的社会之下,只有两个大端:一是于这遗训加以承认而损益之,一是于遗训加以否认。一般的可把欧洲千年来的物事(直至十九世纪末为止)分为教会的趋向与反教会的趋向。

何以必须造这一篇半笑话?我想,由这一篇半笑话可以去解古书上若干的难点。例如《论语》一部书,自然是一个"多元的宇宙",或者竟是好几百年"累层地"造成的。如"凤鸟不至"一节,显然是与纬书并起的话。但所说尧舜禹诸端,尚多是抽象以寄其理想之词,不如孟子为舜、象做一篇"越人让兄"、"陈平盗嫂"合剧。大约总应该在孟子以前,也应该是后来一切不同的有事迹的人王尧舜禹论之初步。且看《论语》里的尧舜禹,都带些初步道宗的思想。尧是"无能名",舜是"无为"。禹较两样些,"禹无间然"一段也颇类墨家思想之初步。然卑居处,薄食服,也未尝违于道宗思想。

至于有天下而不与，却是与舜同样的了。凡这些点儿，都有些暗示我们：尧舜一类的观念起源应该在邻于道宗一类的思想，而不该在邻于儒宗一类的思想。

尧舜等传说之起，在道理上必不能和禹传说之起同源，此点颉刚言之详且尽。我想禹与墨家的关系，或者可以如下：禹本是一个南方民族的神道，一如颉刚说。大约宗教的传布，从文化较高的传入文化较低的民族中，虽然也多，然有时从文化较低的传到文化较高的，反而较易。例如耶稣教之入希腊罗马；佛教之由北印民族入希腊文化殖民地，由西域入中国，回教之由亚剌伯入波斯（此点恐不尽由武力征服之力）。

大约一个文化的社会总有些不自然的根基，发达之后，每每成一种矫揉的状态，若干人性上初基的要求，不能满足或表现。故文化越繁丰，其中越有一种潜流，颇容易感受外来的风气，或自产的一种与上层文化不合的趋向。佛教之能在中国流行，也半由于中国的礼教、道士、黄巾等，不能满足人性的各面，故不如礼教道士黄巾等局促之佛教，带着迷信与神秘性，一至中国，虽其文化最上层之皇帝，亦有觉得中国之无质，应求之于印度之真文。

又明末天主教入中国，不多时间，竟沿行于上级士大夫间，甚至皇帝受了洗（永历皇帝），满洲时代，耶稣会士竟快成玄烨的国师。要不是与政治问题混了，后来的发展必大。道光后基督教之流行，也很被了外国经济侵略武力侵略之害。假如天主耶稣无保护之强国，其销路必广于现在。我们诚然不能拿后来的局面想到春秋初年，但也难保其当年不有类似的情形。这一种禹的传说，在头一步传到中国来，自然还是个神道。但演进之后，必然向别的方面走。大约墨家这一派信仰，在一般的社会文化之培养上，恐不及儒家，墨子虽然也道诗书，但这究竟不是专务雅言。这些墨家，抓到一个禹来作人格的标榜，难道有点类似佛教入中国，本国内自生宗派的意思吗？

儒家不以孔名，直到梁漱溟才有孔家教；而墨家却以墨名。这其中或者是暗示墨子造作，孔丘没有造作，又墨经中传有些物理学、几何学、工程学、文法学、名学的物事。这或者由于当年儒家所吸收的人多半是些中上社会，只能谈人文的故事，雅言诗书执礼。为墨家所吸收的，或者偏于中下社会，其中有些工匠技家，故不由得包含着这些不是闲吃饭的物事下来，并非墨家思想和这些物事有何等相干。大约晚周的子家最名显的，都是些游谈之士，大则登卿相，小则为清客，不论其为是儒家或道家，孟轲或庄周。儒家是吸收不到最下层的，顶下也是到士为止。道家也是 leisured 阶级之清谈。但如许行等等却很可以到了下层社会。墨家却非行到下层社会不为功。又墨家独盛于宋，而战国子家说到傻子总是宋人，这也可注意。或者宋人当时富于宗教性，非如周郑人之有 Sophistry 邹鲁人之有 Conventional？

至于汉朝思想趋势中，我有两个意思要说。一、由今文到纬书是自然之结果。今文把孔子抬到那样，舍成神道以外更无别法。由《易经》到纬书不容一发。今文家把他们的物事更民间化些，更可以共喻而普及，自然流为纬学。信今文必信孔子之超人入神；信孔子如此加以合俗，必有祯祥之思想。二、由今文及动出古文，是思想的进步。造伪经在现在看来是大恶，然当时人借此寄其思，诚恐不觉其恶，因为古时著作人观念之明白决不如后人重也。但能其思想较近，不能以其造伪故而泯其为进步。古文材料虽伪，而意思每比今文合理性。

不及详叙，姑写为下列两表：

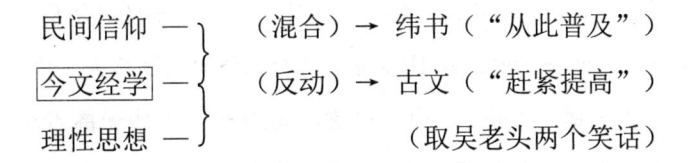

民间信仰 ——⎫　　（混合）→ 纬书（"从此普及"）
今文经学 ——⎬　　（反动）→ 古文（"赶紧提高"）
理性思想 ——⎭　　　　　　　（取吴老头两个笑话）

专反者之例
一切弃世，　　　墨子
所谓道家。　　（非命）　　古文学　　桓谭、王充等
（《论语》　　　荀子
多记此等人物）（非相）

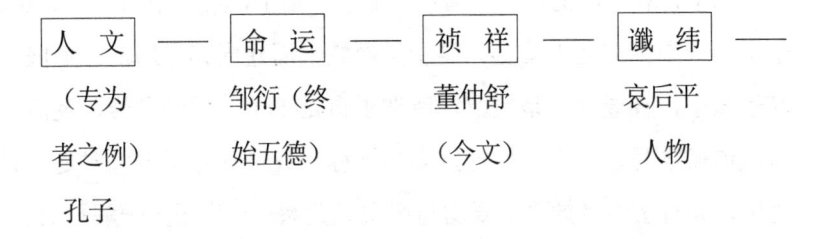

人文 —— 命运 —— 祯祥 —— 谶纬 ——
（专为　　邹衍（终　　董仲舒　　哀后平
者之例）　始五德）　（今文）　　人物
孔子

四　殷周间的故事

十年前,我以子贡为纣申冤一句话,想起桀纣传说之不可信,因疑心桀纣是照着幽王的模型造的,有褒姒故有妲己等等。这固是少时一种怪想。后来到英国,见英国爵虽五等而非一源,因而疑心中国之五等爵也有参差,有下列涉想(德国爵亦非一源)。

公　公不是爵名,恐即与"君"字同义。三公周召宋公及王畿世卿都称公,而列国诸侯除称其爵外亦称公。公想是泛称人主之名,特稍尊耳。犹英语之 Lord 一称,自称上帝以至于世族无爵者之妻或仆称其夫或主。如德国语之 Herr 亦自上帝称到一切庶人。宋是殷后,王号灭犹自与周封之诸侯不同,故但有泛称而无诸侯之号。其所以列位于会盟间次于伯而先于其他一切诸侯者,正因其为殷后,不因其称公。如若传说,一切诸侯自称公为僭,则鲁颂"乃命周公,俾侯于东",岂非大大不通。

子　遍检春秋之子爵,全无姬姓(除吴)。姬姓不封子;而封子爵者,凡有可考,立国皆在周前,或介戎狄,不与中国同列。莒子,郯子,邾子,杞子,古国也。潞子,骊子,不与中国之列者也。楚子,一向独立之大国也。吴子虽姬姓,而建国亦在周前。见殷有箕子微子,我遂疑子是殷爵,所谓子自是王子,同姓之号,及后来渐成诸侯之号,乃至一切异姓亦如此称。我疑凡号子者大多是殷封之国,亦有蛮夷私效之。要均与周室无关系。(吴子楚子解见后。)

且看子一字之降级:

诸侯——微子，箕子。

诸侯之大夫——季文子，赵简子。

士人——孔子，孟子。

乃至于——小子，婊子。

这恰如老爷等名词之降级。明朝称阁学部院曰老爷，到清朝末年虽县知事亦不安于此而称大老爷。

至于侯，我们应该先去弄侯字古来究如何写法，如何讲法。殷亦有鬼侯，鄂侯，崇侯；鬼，鄂，崇，皆远方之邑，或者所谓侯者如古德意志帝国（神圣罗马帝国）之边侯（Markgraf）。在殷不特不见得侯大于子，而且微子箕子容或大于鬼侯鄂侯。周定后，不用子封人而一律用侯。以"新鬼大，故鬼小"之义，及"周之宗盟，异姓为后"之理，侯遂跑到子上。

同姓侯甚多，凡姬姓的非侯即伯。其异姓之侯，如齐本是大国，另论；如陈是姻戚，如薛也是周"先封"，都是些与周有关系的。

伯 这一件最奇。伯本与霸同字，应该很大。且受伯封者，如燕伯，召公之国也。如曹伯，"文之昭也"。如郑伯，平王依以东迁者也。如秦伯，周室留守，助平王东迁者也。然而爵均小于侯，岂不可怪。我疑心伯之后于侯，不是由于伯之名后于侯，而是由于封伯爵者多在后；或者伯竟是一个大名，愈后封而号愈滥，遂得大名，特以后封不能在前耳。

男 苦想只想到一个许男，或者由来是诸侯之诸侯？

以上的话只是凭空想，自然不能都对，但五等爵决非一源，且甚参差耳。

太伯入荆蛮，我疑心是伦常之变。伦常之变，本是周室"拿手好戏"，太王一下，周公一下。平王又一下。因太伯不得已而走，或者先跑到太王之大仇殷室，殷室封他为子爵，由他到边疆启土，所以武王伐纣时特别提出这件事，"唯四方之多罪逋逃是崇是用"。言如此之痛，正因有他之伯祖父在也。（《牧誓》亦正不可信，此地姑为此戏想耳。）吴既不在周列，周亦莫奈他何，遂于中国封虞。吴仍其子爵，至于寿梦。吴民必非中国种，只是君室为太伯虞仲后耳。虞仲应即是吴仲。

齐太公的故事，《史记》先举三说而不能断。我疑心齐本是东方大国，本与殷为敌，而于周有半本家之雅（厥初生民，时惟姜嫄），又有亲戚（爰及姜女，聿来胥宇），故连周而共敝殷。《商颂》"相土烈烈，海外有截"，当是有汤前已有了北韩辽东，久与齐逼。不然，箕子以敢丧之余，更焉能越三千里而王朝鲜；明朝鲜本殷地，用兵力所不及，遂不臣也。齐于周诸侯中受履略大，名号最隆——尚父文王师一切传说，必别有故。且《孟子》《史记》均认齐太公本齐人，后来即其地而君之。且《史记》记太公世家，太公后好几世，直到西周中晚，还是用殷法为名，不同周俗，可见齐自另一回事，与周之关系疏稀。《檀弓》所谓太公五世返葬于周，为无稽之谈也。（如果真有这回事，更是以死骨为质的把戏。）齐周夹攻殷，殷乃不支，及殷被堪定，周莫奈齐何，但能忙于加大名，而周公自命其子卜邻焉。

世传纣恶，每每是纣之善。纣能以能爱亡其国，以多力亡其国，以多好亡其国，诚哉一位戏剧上之英雄，虽Siegfried何足道哉。我想殷周之际事可作一出戏，纣是一大英雄，而民疲不能尽为所用，纣想一削"列圣耻"，讨自亶父以下的叛虏，然自己多好而纵情，其民老矣，其臣迂者如比干，鲜廉寡耻如微子，箕子则为清谈，诸侯望包藏阴谋，将欲借周自取天下，遂与周合而夹攻，纣乃以大英雄之本领与运命争；终于不支，自焚而成一壮烈之死。周之方面，毫无良德，父子不相容，然狠而有计算，一群的北虏自有北虏的品德。齐本想不到周能联一切西戎南蛮，《牧誓》一举而定王号。及齐失望，尚想武王老后必有机会，遂更交周。不料后来周公定难神速，齐未及变。周公知破他心，遂以伯禽营少昊之墟。至于箕子，于亡国之后，尚以清谈归新朝，一如王夷甫。而微子既如谯周之劝降，又觉纣死他有益耳。

这篇笑话，自然不是辩古史，自然事实不会如此。然遗传的殷周故事，隆周贬纣到那样官样文章地步，也不见得比这笑话较近事实。

越想越觉世人贬纣之话正是颂纣之言。人们的观念真不同：伪孔五子之歌上说，"内作色荒，外作禽荒，甘酒嗜音，峻宇雕墙"，此正是欧洲所谓Prince之界说，而东晋人以为"有一必亡"。内作色荒是圣文，外作禽荒是神武，甘酒嗜音是享受文化，峻宇雕墙是提倡艺术，有何不可，但患力不足耳。

周之号称出于后稷，一如匈奴之号称出于夏氏。与其信周之先世曾窜于戎狄之间。毋宁谓周之先世本出于戎狄之间。姬姜容或是一支之两系。特一在西,一在东耳。

鲁是一个古文化的中心点,其四围有若干的小而古的国。曲阜自身是少昊之墟。昊容或为民族名,有少昊必有太昊,犹大宛小宛,大月氏小月氏也。我疑及中国文化本来自东而西:九河济淮之中,山东辽东两个半岛之间,西及河南东部,是古文化之渊源。以商兴而西了一步,以周兴而更西了一步。不然,此地域中何古国之多也。齐容或也是一个外来的强民族,遂先于其间成大国。

齐有齐俗,有齐宗教,虽与鲁近,而甚不同。大约当年邹鲁的文化人士,很看不起齐之人士,所以孟子听到不经之谈,便说是"齐东野人之语也",而笑他的学生时便说:"子诚齐人也,知管仲晏子而已矣",正是形容他们的坐井观天的样子。看来当年齐人必有点类似现在的四川人,自觉心是很大的,开口苏东坡,闭口诸葛亮,诚不愧为夜郎后世矣。鲁之儒家,迂而执礼。齐之儒家,放而不经。如淳于邹衍一切荒唐之词人,世人亦谓为儒家。

荆楚一带,本另是些民族,荆或者自商以来即是大国,亦或者始受殷号,后遂自立。楚国话与齐国话必不止方言之不同,不然,何至三年庄狱然后可知。孟子骂他们鴃舌,必然声音很和北方汉语不类。按楚国话语存在者,只有"谓乳,榖;谓虎,于菟"一语。乳是动词,必时有变动;而虎是静词,尚可资用。按吐蕃语虎为 stag,吐蕃语字前之 S 每在同族语中为韵,是此字易有线索,但一字决不能为证耳。又汉西南夷君长称精夫,疑即吐蕃语所谓

— 298 —

Rgyal-po，唐书译为赞普者。《汉书·西南夷传》有几首四字诗对记，假如人能精于吐蕃语太语缅甸语，必有所发现。这个材料最可宝贵。楚之西有百濮，今西藏自称曰濮。又蛮闽等字音在藏文为人，或即汉语民字之对当？总之，文献不足，无从征之。

秦之先世必是外国，后来染上些晋文化，但俗与宗教想必同于西戎。特不解西周的风气何以一下子精光？

狄必是一个大民族。《左传》《国语》记他们的名字不类单音语。且说到狄，每加物质的标记，如赤狄，白狄，长狄等等。赤白又长，竟似印度日耳曼族的样子，不知当时吐火罗等人东来，究竟达到什么地方。

应该是中国了，而偏和狄认亲（有娀，简狄）。这团乱糟糟的样子，究竟谁是诸夏，谁是戎狄？

中国之有民族的，文化的，疆域的一统，至汉武帝始全功，现在人曰汉人，学曰汉学，土曰汉土，俱是最合理的名词，不是偶然的。秦以前本不一元，自然有若干差别。人疑生庄周之土不应生孔丘。然如第一认清中国非一族一化，第二认清即一族一化之中亦非一俗，则其不同亦甚自然。秦本以西戎之化，略收点三晋文俗而统一中国。汉但接秦，后来鲁国齐国又渐于文化上发生影响。可如下列看：

统一中国之国家者——秦。

统一中国之文教者——鲁。

统一中国之宗教者——齐。

统一中国之官术者——三晋。

此外未得发展而压下的东西多得很啦。所以我们觉得汉朝的物事少方面，晚周的物事多方面。文化之统一与否，与政治之统一与否相为因果；一统则兴者一宗，废者万家。

五　补说（《春秋》与《诗》）

承颉刚寄我《古史辨》第一册，那时我已要从柏林起身，不及细看。多多一看，自然不消说如何高兴赞叹的话，前文已说尽我所能说，我的没有文思使我更想不出别的话语来说。现在只能说一个大略的印象。

最可爱是那篇长叙，将来必须更仔细读他几回，后面所附着第二册拟目，看了尤其高兴，盼望的巴不得马上看见。我尤其希望的是颉刚把所辨出的题目一条一条去仔细分理，不必更为一般之辨，如作"原经"一类文章。从第二册拟目看来，颉刚这时注意的题目在《诗》，稍及《书》。希望颉刚不久把这一堆题目弄清楚，俾百诗的考伪孔后更有一部更大的大观。

我觉得《春秋三传》问题现在已成熟。可以下手了。我们可以下列的路线去想：

（一）《春秋》是不是鲁史的记载？这个问题很好作答，把二百多年中所记日食一核便妥了。

（二）《左氏》经文多者是否刘歆伪造？幸而哀十四年有一日食，且去一核，看是对否。如不对，则此一段自是后人意加。如对，则今文传统说即玄同先生所不疑之"刘歆伪造"堕地而尽。此点关系非常之大。

（三）孔子是否作《春秋》？此一点我觉得竟不能决，因没有材料。但这传说必已很久，而所谓公羊春秋之根本思想实与《论语》相合。

（四）孟子所谓《春秋》是否即今存之断烂朝报？此一段并非不成问题。

（五）《春秋》一名在战国时为公名，为私名？

（六）《公羊传》思想之时代背景。

（七）《公羊》大义由《传》《繁露》，到何氏之变迁，中间可于断狱取之。

（八）《谷梁》是仿《公羊》而制的，或者是一别传？

（九）《史记》与《国语》的关系。

（十）《史记》果真为古文家改到那个田地吗？崔君的党见是太深的，决不能以他的话为定论。

（十一）《左氏传》在刘歆制成定本前之历史。此一端非常重要。《左传》决不是一时而生，谅亦不是由刘歆一手而造。我此时有下一个设想：假定汉初有一部《国语》，又名《左氏春秋》，其传那个断烂朝报者实不能得其解，其间遂有一种联想，以为《春秋》与《国语》有关系，此为第一步。不必两书有真正之银丁扣，然后可使当时人以为有关系，有此传说，亦可动当时人。太史公恐怕就是受这个观念支配而去于《史记》中用其材料的，这个假设小，康崔诸君那个假设太大。公羊学后来越来越盛，武帝时几乎成了国学。反动之下，这传说亦越进化，于是渐渐的多人为《国语》造新解，而到刘向刘歆手中，遂成此"左氏传"之巨观。古文学必不是刘歆一手之力，其前必有一个很长的渊源。且此古文学之思想亦甚自然。今文在当时成了断狱法，成了教条，成了谶纬阴阳，则古文之较客观者起来作反动，自是近情，也是思想之进化。

（十二）《左传》并不于材料上是单元。《国语》存本可看出，《国语》实在是记些语。《左传》中许多并不是语，而且有些矛盾的地方。如吕相绝秦语文章既不同，而事实又和《左传》所记矛盾。必是当年作者把《国语》大部分采来做材料，又加上好些别的材料，或自造的材料。我们要把他分析下去的。

（十三）《左传》《国语》文字之比较。《左传》《国语》的文字很有些分别，且去仔细一核，其中必有提醒人处。

（十四）东汉《左氏》传、说之演进。《左氏》能胜了《公羊》，恐怕也有点适者生存的意思。今文之陋而夸，实不能满足甚多人。

（十五）古《竹书》之面目。

现在我只写下这些点。其实如是自己作起功来，所有之假设必然时时改变。今文古文之争，给我们很多的道路和提醒。但自庄孔刘宋到崔适，都不是些极客观的人物，我们必须把他所提醒的道路加上我们自己提醒的道路。

现在看诗，恐怕要但看白文，训诂可参考而本事切不可问。大约本事靠得住的如《硕人》之说庄姜是百分难得的；而极不通者一望皆是。如君子偕老为刺卫宣姜，真正岂有此理。此明明是称赞人而惜其运命不济，故曰"子之不淑"，犹云"子之不幸"。但论白文，反很容易明白。

　　诗的作年，恐怕要分开一篇一篇地考定，因为现在的"定本"，样子不知道经过多少次的改变，而字句之中经流传而改变，及以今字改古字，更不知有多少了。颂的作年，古文家的家论固已不必再讨论。玄同先生的议论，恐怕也还有点奉今文家法罢？果如魏默深的说法，则宋以泓之败绩为武成，说"深入其阻，襄荆之旅"，即令自己不砚厚脸皮，又如何传得到后人。且殷武之武，如为抽象词，则哀公亦可当之，正不能定。如为具体词，自号武王是汤号。且以文章而论，《商颂》的地位显然介于邹鲁之间，《周颂》自是这文体的初步，《鲁颂》已大丰盈了。假如作《商颂》之人反在作《鲁颂》者之后，必然这个人先有摹古的心习，如宇文时代《制诰》仿《大诰》，《石鼓》仿《小雅》，然后便也。但即令宋人好古，也未必有这样心习。那么，商颂果真是哀公的东西，则鲁颂非僖公时物了。玄同先生信中所引王静庵先生的话，"时代较近易于摹拟"，这话颇有意思，并不必如玄同先生以为臆测。或者摹拟两个字用得不妙。然由周颂到商颂，由商颂到鲁颂，文体上词言上是很顺叙，反转则甚费解。

　　《七月》一篇必是一遗传的农歌；以传来传去之故，而成文句上极大之 Corruption，故今已不顺理成章。这类诗最不易定年代，且究是《豳风》否也未可知。因为此类农歌，总是由此地传彼地。《鸱鸮》想也是一个农歌；为鸟说话，在中国诗歌中有独无偶。东山想系徂东征戍者之词，其为随周公东征否则未可知。但豳风的东西大约都是周的物事,因为就是《七月》里也有好些句与《二南》《小雅》同。《大雅》《小雅》十年前疑为是大京调小京调。风雅本是相对名词,今人意云雅而曰风雅,实不词(杜诗"别裁伪体亲风雅"),今不及详论矣。

破斧恐是东征罢敝国人自解之言如是。后人追叙,恐无如此之实地风光。破斧如出后人,甚无所谓。下列诸疑拟释之如下:

如云是周公时物,何以《周诰》如彼难解,此则如此易解:答,诰是官话,这官话是限于小范围的,在后来的语言上影响可以很小。诗是民间通俗的话,很可以为后来通用语言之所自出。如蒙古白话上谕那么不能懂,而元曲却不然,亦复一例。且官书写成之后,便是定本,不由口传。诗是由口中相传的,其陈古的文句随时可以改换,故显得流畅。但虽使字句有改换,其来源却不以这字句的改换而改换。

周公东征时称王,何以……(未完)

抄到此地,人极倦,而船不久停,故只有付邮。尾十多张,待于上海发。

抄的既潦草,且我以多年不读中国书后,所发议论必不妥者多,妥者少。希望不必太以善意相看。

颉刚案:傅孟真先生此书,从 1924 年 1 月写起,写到 1926 年 10 月 30 日船到香港为止,还没有完,他归国后,我屡次催他把未完之稿写给我;无奈他不忙便懒,不懒便忙,到今一年余还不曾给我一个字。现在周刊需稿，即以此书付印。未完之稿，只得过后再催了。书中看不清的草书字甚多，恐有误抄，亦俟他日校正。

一九二八年一月二日

（原文刊载于 1928 年 1 月《国立中山大学语言历史学研究所周刊》第二集第十三、十四期）